15 LIÇÕES PARA FORTALECER SUA FAMÍLIA

respostas essenciais para vencer os conflitos e crises da família

DAVID & CAROL SUE MERKH
RALPH & RUTH REAMER

hagnos

©2013 por David e
Carol Sue Merkh &
Ralph e Ruth Reamer

Revisão
Josemar de Souza Pinto

Capa
Douglas Lucas

Diagramação
Sonia Peticov

Editora
Marilene Terrengui

3ª edição: Novembro de 2020

Coordenador de produção
Mauro W. Terrengui

Impressão e acabamento
Imprensa da fé

Todos os direitos desta edição reservados para:
Editora Hagnos
Av. Jacinto Júlio, 27
04815-160 - São Paulo - SP - Tel. Fax: (11) 5668-5668
hagnos@hagnos.com.br • www.hagnos.com.br

Dados Internacionais de Catalogação na Publicação (CIP)
Angélica Ilacqua CRB-8/7057

---

15 lições para fortalecer sua família: respostas essenciais para vencer os conflitos e crises da família / David J. Merkh...[et al]. — 3. ed. — São Paulo: Hagnos, 2020.

Outros autores: Carol Sue Merkh, Ralph Reamer e Ruth Reamer.

ISBN 978-85-243-0557-3

1. Família cristã — Vida religiosa 2. Família — Conflitos — Aspectos religosos 3. Casamento — Aspectos religiosos 4. Deus 5. Bíblia — Comentários I. Título II. Merkh, Carol Sue III. Reamer, Ralph IV. Reamer, Ruth.

19-1511   CDD-268.486

Índice para catálogo sistemático:
1. Família — Vida religiosa — Aconselhamentos bíblicos   268.486

Para casais de todo o Brasil e de todo o mundo, desejosos de cumprir o propósito de refletir a imagem de Deus em sua família e em seus filhos.

Que esta série de estudos reforce valores bíblicos e estimule sua aplicação prática em seus lares, visando a um reavivamento verdadeiro a partir da família.

Se o SENHOR *não edificar a casa,
em vão trabalham os que a edificam...*
(Sl 127.1)

Agradecimentos

Chegamos ao final de outra maratona: a revisão do terceiro volume da série *Construindo um lar cristão*. Louvamos a Deus, pois, em meio a tantas outras demandas do ministério e da vida familiar, Ele nos capacitou para realizar esta obra, que é dEle. Ficamos maravilhados ao ouvir o que Ele está fazendo em igrejas e famílias em todo o Brasil por meio deste currículo preparado para casais e famílias. Nosso desejo é que este livro seja um instrumento nas mãos divinas, para abençoar muitas vidas. Ao Senhor, seja toda a glória.

Nossa gratidão se estende a muitas pessoas que nos apoiaram em oração até o final desse processo, especialmente na produção deste último volume: *15 lições para fortalecer sua família*. Muitas pessoas nos encorajaram, dizendo estar orando para que Deus nos capacitasse. Agradecemos a todos esses parceiros de oração. Este livro representa o fruto da sua intercessão.

Temos também uma dívida de gratidão para com muitos autores, amigos e conselheiros, cujas contribuições certamente influenciaram cada página deste caderno, sem que lhes fosse demonstrado o reconhecimento merecido. Tantas foram as fontes que se mesclaram em nossa formação ministerial que seria impossível lembrar a origem de cada ideia aqui incluída.

Pela primeira vez no preparo desta série, aumentamos nossa equipe de colaboradores. Contamos com a vasta experiência em aconselhamento bíblico dos nossos melhores amigos e companheiros de ministério, o pastor Ralph Reamer e sua esposa, Ruth.

Passamos momentos agradáveis juntos, conversando, debatendo e, finalmente, escrevendo os estudos contidos nesta obra. Sem a enorme contribuição desses amigos, este volume não existiria. Nossa imensa gratidão a eles por terem aceitado o convite para colaborar na tentativa de fortalecer a família brasileira, preparando-a para enfrentar tempestades que certamente virão.

Pr. David J. Merkh

Sumário

Prefácio   9

Introdução   11

Parte I — Preparando-nos para as crises da vida

  1. Por que enfrentamos tempestades?   25
  2. O coração e seus ídolos   40
  3. A graça de Deus e a cruz de Cristo   50
  4. Mudança verdadeira   61
  5. A renovação da mente   71

Parte II — Enfrentando as tempestades no lar

  6. Maus hábitos — Adaptações no casamento   85
  7. Lidando com parentes   96
  8. A raiz dos conflitos conjugais   105
  9. Resolvendo conflitos conjugais   121
10. Mágoas   133
11. Descontrole financeiro   147
12. Sexualidade   159
13. Os conflitos e o coração do pai   176
14. Os conflitos e o coração do filho   185
15. E quando as tempestades persistem?   195

Palavra final	205
Apêndice 1: Conhecendo e sendo conhecido	207
Apêndice 2: Caderno de oração	209
Outros recursos oferecidos pelos autores para a família e para grupos pequenos	215
Sobre os autores	219

Prefácio

No momento em que escrevemos este livro, uma série de furacões no Caribe e no sul dos Estados Unidos provoca uma crise após outra, desde Barbados, Granada e Jamaica até Cuba e a Flórida. Em alguns lugares, onde os prédios foram construídos apressadamente e sem o devido cuidado técnico, usando material inferior e com alicerces inadequados, a destruição chega a ser total. Não é preciso um furacão nível 5, com ventos contínuos de 250km/h, para derrubar alguns casebres. No entanto, se a construção for bem feita, com material de qualidade e um alicerce adequado, o prédio consegue resistir às maiores tempestades.

Como já descrevemos em outro livro desta série — *15 lições para transformar seu casamento* —, não existe família perfeita. Todos somos pecadores, carentes e fracos. Em certo sentido, todas as famílias são "disfuncionais". Entretanto, há esperança para a família, porque Jesus Cristo veio nos resgatar — das tempestades, sim, mas também de nós mesmos. Ele quer construir lares sólidos, bem alicerçados e resistentes.

Assim como não existe família perfeita, também não há família totalmente isenta das tempestades da vida. As tempestades certamente virão. Será que estamos preparados? Será que poderemos fortalecer nossos lares contra a chuva de imoralidade, dívidas, dúvidas e dificuldades com os filhos? Será que lidaremos bem com o vento de conflitos entre cônjuges, pais e filhos e parentes? Está o nosso coração alicerçado na graça de Deus para que possamos enfrentar as ondas de tentações, vícios e mágoas?

Esta série de estudos procura fortalecer nossos lares, preparando-os com base bíblica e profunda para enfrentar os furacões da vida. As lições seguem uma linha de raciocínio que diferencia este curso de muitos outros. Não apresentamos aqui soluções simples, de fácil execução ou superficiais. Reconhecemos que nossa necessidade é profunda e que a solução dos problemas precisa descortinar o "verdadeiro eu", o coração, expondo seus ídolos e derrubando-os. Entendemos que respostas que tocam somente em sintomas ou comportamento são, quando muito, temporárias.

Ao mesmo tempo, cada lição oferece esperança verdadeira baseada em um modelo de mudança que focaliza a graça de Deus revelada na cruz de Cristo. A provisão de vitória em Cristo, que, pelo Seu Espírito, vive Sua vida por meio da nossa vida (cf. Gl 2.20), nos capacita para enfrentar os conflitos e as crises que nos podem assolar. Somente quando fortalecermos esse alicerce em uma identidade construída sobre a Rocha — Cristo Jesus — é que teremos como enfrentar as crises familiares.

Com esse entendimento da necessidade do homem e da provisão de Deus, passaremos a considerar os vários tipos de crises que atacam o lar. Visando ao fortalecimento do seu lar em tempos de conflito, aplicaremos a cada um deles o modelo de mudança que a Bíblia nos ensina.

Como sempre, nossa ênfase será bíblica e cristocêntrica, dentro do contexto brasileiro, e com um método interativo, que encoraja cada classe, grupo de casais ou até cada pessoa a uma aplicação e adaptação do material ao seu contexto. Não se esqueça de que este caderno faz parte de uma série maior, capaz de conduzir os membros do seu grupo a uma compreensão mais profunda e séria dos papéis que desempenham como cônjuges e pais.

Nosso desejo e nossa oração é que *15 lições para fortalecer sua família* encontre seu espaço como ferramenta útil, prática e, acima de tudo, bíblica para proteger sua família quando as tempestades chegarem.

Introdução

Como usar este material

Bem-vindos à série *Construindo um lar cristão*! Desejamos que ela resulte em experiência de grande aprendizagem e crescimento para casais.

Estes estudos constituem uma espécie de discipulado. Nosso alvo é nos tornarmos cada vez mais semelhantes a Cristo Jesus.

Desenvolvemos esta série depois de ministrar para casais durante vários anos em muitos contextos diferentes. Tentamos apresentar as lições de maneira simples, a fim de que sejam usadas sem dificuldade. E, para facilitar ainda mais o uso deste material, gostaríamos de dar algumas sugestões:

Panorama dos estudos

Neste caderno de estudos, enfocaremos os conflitos e as crises que hoje afligem os lares. Não é possível analisar todos os tipos de crises. Começamos por destacar, na primeira parte das lições, a necessidade fundamental de mudança verdadeira na esfera do coração. Continuamos dirigindo a atenção para a provisão feita por Deus na cruz de Cristo. Focalizamos, então, o processo de mudança pela renovação da mente, momento após momento, a que a Bíblia nos inspira. Com o fortalecimento do alicerce da família, nossa identidade em Cristo, teremos condições de lidar não somente com os tipos de tempestades destacados neste caderno, mas também outros que nos sobrevenham. Na segunda parte, procedemos mais ou menos cronologicamente, desde as crises de adaptação, no início do casamento, passando por problemas de conflitos e mágoas, para tratar de dificuldades maiores nas áreas de finanças, sexualidade e criação de filhos.

Nossa divisa ainda vem do "Salmo do lar" (Salmo 127): *Se o Senhor não edificar a casa, em vão trabalham os que a edificam...* (v. 1).

Benefícios desta série de estudos

1. Oferece oportunidades para o casal focalizar e aperfeiçoar seu crescimento conjugal.
2. Promove comunhão e mutualidade entre pessoas com interesses comuns.
3. Exige apenas um compromisso a curto prazo dos membros do grupo.
4. Não requer um "profissional" para liderar o grupo; somente um "facilitador".
5. Focaliza o texto bíblico, e não as opiniões humanas, como a autoridade final para a vida e o casamento.
6. Não requer treinamento especial e tampouco supervisão fora do contexto da própria igreja.
7. Leva à aplicação prática dos princípios aprendidos.
8. Segue o modelo bíblico de encontros em grupos familiares pequenos (v. At 2.41-47; Hb 10.24).
9. Funciona como curso de discipulado na vida cristã.
10. É versátil, sendo facilmente adaptável ao uso em grupos pequenos, Escola Bíblica Dominical (EBD), aconselhamento pré ou pós-nupcial e em muitos outros contextos.

Compromisso do grupo

Existem alguns requisitos básicos para o bom funcionamento de um grupo de estudo bíblico familiar. Por se tratar de um currículo breve, todos os participantes do grupo devem concordar em cumprir o que determinam estes quatro "Ps":

- **Presença** — Procurar não faltar aos encontros. É recomendável que AMBOS — marido e esposa — estejam presentes aos encontros e que AMBOS façam as tarefas!

- **Pontualidade** — O atraso de alguns minutos pode prejudicar não somente o casal, mas o grupo inteiro.

- **Participação** — Todos os estudos pressupõem uma participação ativa dos membros do grupo. Ninguém estará "lecionando" para o grupo; por isso, cada membro precisa fazer sua parte para participar das discussões, sem dominar a conversa.

- **Privacidade** — Nenhum membro do grupo deve compartilhar na reunião algo que possa constranger o próprio cônjuge ou outro membro do grupo. Não deve ainda compartilhar fora do grupo o que foi falado em boa-fé e em confidência numa reunião.

Antes de prosseguir com os estudos, é importante orar, como grupo, sobre esse compromisso. Deus os abençoe ricamente enquanto firmam alicerces matrimoniais cada vez mais fortes.

Uma palavra ao líder do grupo

Parabéns. Pela graça de Deus, você será o facilitador de um grupo de estudo da série *Construindo um lar cristão*. Sua tarefa é de extrema importância e exigirá muita dependência do Senhor. Talvez você se sinta incapaz, e isso é bom. Você está em boa companhia, pois o próprio apóstolo Paulo declara: *Não que sejamos capazes de pensar alguma coisa, como se viesse de nós mesmos, mas a nossa capacidade vem de Deus. Foi ele quem também nos capacitou para sermos ministros de uma nova aliança, não da letra, mas do Espírito* (2Co 3.5,6). Como alguém afirmou, "Deus não chama os capacitados; ele capacita os chamados".

Gostaríamos de dar algumas diretrizes que poderão ajudá-lo no serviço ao seu grupo. Anime-se! Deus pode usar sua vida para provocar mudanças não somente em sua família, mas também na família de muitos outros casais.

Como iniciar seu grupo

As lições apresentadas aqui podem ser usadas em quase todos os contextos, embora o ideal seja aplicá-las em um grupo pequeno de casais (cinco a sete casais), em uma classe de Escola Bíblica Dominical ou até mesmo em encontros de aconselhamento pré-nupcial.

Sugerimos que, antes de iniciar seu grupo, você **converse com a liderança de sua igreja** a fim de garantir o apoio aos estudos e ao grupo. É preciso que seja escolhido um casal para a função de **"líderes"** ou **"facilitadores"** do grupo. Um segundo casal deve ser escolhido para atuar como **casal anfitrião** (caso os estudos sejam realizados numa casa). E um terceiro casal deve atuar como **colíder** do grupo.

O passo seguinte é **convidar alguns casais** para participarem do primeiro grupo de estudo, caso este ainda não tenha sido formado. Pense em casais que se mostrem prontos para estudar e aprender, desejosos de crescer como casais e que tenham tempo e disponibilidade para frequentar os encontros até o final da série de estudos. É melhor começar com um único grupo e depois expandir para incluir mais casais e mais grupos, do que tentar abraçar o mundo desde o início.

O último passo será **marcar a primeira reunião**. Muitos grupos gostam de começar as atividades com uma social informal (piquenique, refeições tipo "juntar panelas", sobremesa, churrasco, jantar romântico). No encontro, você deve apresentar o material, acertar os detalhes das reuniões (onde e quando elas se realizarão) e alistar as encomendas de materiais para o primeiro encontro oficial. O ideal é que marido e esposa tenham materiais separados, pois seria muito fácil somente uma pessoa fazer as anotações e cumprir as tarefas escritas. Com um material único, também fica mais difícil que ambos acompanhem as perguntas e discussões do estudo.

Tarefas do líder

Acima de tudo, a tarefa do líder resume-se na palavra "facilitar". O líder não precisa ter resposta para todas as perguntas levantadas nas reuniões do grupo. Não precisa ter uma família "perfeita". Não precisa gastar horas e horas preparando lições e recursos visuais. Precisa, antes, estar disposto a servir a Deus como bom administrador da Sua multiforme graça (v. 1Pe 4.10,11). Precisa preparar-se suficientemente para o bom funcionamento do seu grupo. E precisa depender de Deus para efetuar mudanças permanentes na vida familiar dos casais que compõem o seu grupo.

Os líderes de grupo devem ser pessoas comprometidas com o ministério de casais, com visão para alcançar a família pelos princípios da Palavra de Deus. Devem ser responsáveis, crentes fiéis, com família sadia, mesmo que não perfeitas. Precisam correr atrás de respostas às perguntas "cabeludas" que ocasionalmente sejam levantadas no grupo. A seguir, apresentamos um resumo das responsabilidades do líder do grupo:

- Convidar pessoas para compor o grupo e manter o registro dos membros.
- Verificar o lugar, o horário e a duração dos encontros, providenciando alguém para cuidar das crianças que acompanharem os membros do grupo.
- Adquirir um número suficiente de materiais para serem entregues aos membros do grupo.
- Coordenar, junto com os anfitriões, isto é, o casal em cuja casa vai se realizar o encontro, a arrumação do espaço, a disposição de móveis na sala e o lanche que será servido.
- Estudar a lição antes do encontro, fazendo a leitura apropriada, estudando as "dicas", as sugestões e os comentários e esclarecendo quaisquer dúvidas que surjam antes da reunião.
- Cumprimentar os membros do grupo na chegada para a reunião; iniciar o estudo pontualmente e conduzi-lo de forma sábia, sensível às necessidades do grupo e dos anfitriões.
- Dirigir a discussão, sem dominar o estudo nem lecionar o conteúdo deste. O líder deve FACILITAR a aprendizagem e o compartilhamento de TODOS os casais.

- Na medida do possível, incentivar a participação de TODOS nas discussões, evitando que haja um membro dominante no debate.
- Terminar o encontro com uma oração, atentando para o horário combinado para o encerramento.
- Avaliar o progresso do grupo, fazendo as mudanças necessárias e esclarecendo, com o coordenador do ministério com casais, dúvidas que por acaso surjam.

Tarefas do colíder

O colíder pode ser um "líder em treinamento", um ajudante do líder ou alguém com quem se dividam todas as responsabilidades de liderança do grupo. Em termos gerais, suas tarefas incluem:

- Ajudar o líder do grupo em quaisquer necessidades que surgirem.
- Substituir o líder quando este precisar faltar à reunião.
- Ministrar alguns estudos sob a coordenação do líder.
- Manter a chamada (lista de frequência) do grupo e procurar entrar em contato com os membros que eventualmente faltarem.
- Caso haja lanche, coordenar a escala feita para isso, lembrando aos casais escalados sua responsabilidade.
- Promover, junto com o líder, um ou mais eventos sociais extras com o grupo.
- Avaliar, com o líder, o progresso do grupo e o andamento de cada estudo.

Tarefas dos anfitriões

Quando os estudos são ministrados na casa de membros do grupo, os anfitriões têm um papel muito especial. Suas responsabilidades são:

- Preparar o ambiente da sala em que será realizado o encontro, a fim de facilitar a discussão e a comunhão.
- Cumprimentar os membros do grupo quando chegarem, fazendo com que se sintam muito à vontade.
- Preparar a mesa e o lugar onde serão servidos o lanche.

Diretrizes para o grupo

Obviamente, há muita liberdade na maneira pela qual você poderá conduzir seu grupo. Incluímos as sugestões a seguir como guia, e não como "camisa de força". Elas podem ser adaptadas à própria realidade do seu ministério, sob a orientação do Espírito Santo e com muita oração. O resto, o Senhor fará!

Quem deve participar?

Casais desejosos de melhorar seu relacionamento conjugal, conforme os padrões bíblicos. Esses casais devem se comprometer a fazer os estudos e frequentar o grupo, dispostos a seguir os quatro compromissos do aluno:

- Presença
- Pontualidade
- Participação
- Privacidade

Pelo fato de cada lição ser construída sobre a lição anterior, recomendamos que nenhum casal seja admitido no grupo ou na classe depois de a segunda ou a terceira lição ter sido estudada.

Qual a frequência dos encontros?

O ideal é que o grupo se encontre semanal ou quinzenalmente. É possível também que os encontros sejam mensais, mas o tempo maior entre as reuniões dificultará a sequência e o aproveitamento dos estudos.

Onde o grupo deve se encontrar?

Sugerimos que os encontros sejam realizados sempre no mesmo lugar. É possível revezar a casa ou o apartamento a cada encontro, mas isso talvez crie mais problemas do que traga soluções.

E crianças?

O encontro deve ser SEM CRIANÇAS, a não ser que os casais tenham bebês que ainda não possam ficar sem os pais. O líder deve ser criativo em lidar com essa questão. Talvez alguém possa ser contratado para cuidar dos filhos dos casais em determinada casa ou até mesmo na igreja (cada casal pode contribuir com um valor "X" como gratificação para as babás de seus filhos). A presença de crianças complicará demais o desenvolvimento tranquilo das lições.

Qual a duração de um encontro?

Um tempo máximo para o encontro deve ser estabelecido. O período de estudo em uma classe de EBD deve ser no máximo de 60 minutos. Isso significa que algumas partes do estudo talvez tenham de ser excluídas, ou que uma lição deva ser dividida em duas ou mais partes. Neste material, usamos, como padrão, um encontro de duração de 90 a 120 minutos.

Quais as regras do encontro?

1. Ninguém deve dominar o período de compartilhamento.
2. A atenção dos membros do grupo não deve ser desviada do estudo para debate de questões particulares.
3. Nada que possa envergonhar um dos cônjuges ou outra pessoa do grupo deve ser compartilhado.
4. Nada que seja compartilhado de forma confidencial nos encontros deve ser revelado a pessoas que não façam parte do grupo.

Qual a fonte de autoridade para o grupo?

Os membros do grupo devem entender que, embora haja oportunidade para discussão e muita troca de opinião nos encontros, a única fonte de autoridade para o grupo será sempre a Palavra de Deus.

Qual o programa para a reunião?

Para um grupo de casais, sugerimos o seguinte programa:

- **Chegada dos casais.**
- **Terraplenagem** (quebra-gelo): 10 a 15 minutos.
- **Firmando alicerces** (revisão e compartilhamento da tarefa anterior): 10 a 15 minutos.
- **Erguendo paredes** (estudo da lição): 45 minutos.
- **Inspecionando a construção** (exposição das tarefas para a semana): 5 minutos.
- **Acabamento** (sugestões para mais estudo): 5 minutos.
- **Oração e comunhão** (lanche): 30 minutos.

Outros grupos, por exemplo, um grupo de EBD, poderão modificar esse programa de acordo com o tempo de que dispõem.

E o lanche?

Seria bom que, já na primeira reunião, fosse montada uma escala de responsáveis pelo lanche dos encontros seguintes. O lanche deve ser simples. Nada de competição para ver quem traz o melhor prato! A ênfase está na comunhão!

E o treinamento dos líderes?

Quando existe mais de um grupo de estudo na comunidade, é possível realizar um período de treinamento especial de todos os líderes e colíderes. Isso pode acontecer num retiro, num período prolongado de estudo num sábado ou numa classe de EBD. Nesse treinamento, o coordenador do ministério poderá apresentar diretrizes, ministrar os estudos, tirar dúvidas e orientar a equipe.

Como promover maior união no grupo

Sugestões:

1. A "terraplenagem" feita no início de cada lição serve como um quebra-gelo, que visa a unir o grupo e promover mutualidade

bíblica. Sugerimos que, a cada semana, seja feito um quebra-gelo específico. Muitas vezes, o quebra-gelo serve como transição para o tema da lição. Sugerimos também o uso de "perfis" (entrevistas dos membros do grupo) com algumas das perguntas encontradas no Apêndice 1 — Conhecendo e sendo conhecido. Se uma lição for dividida em mais de uma parte, deve ser levada em conta a possibilidade de realizar a "terraplenagem" no primeiro encontro e um ou mais perfis nos outros encontros.

2. Devem ser providenciadas fotos de todo o grupo e uma foto de cada casal separadamente. As fotos do grupo devem ser entregues aos membros do grupo; as fotos dos casais devem ser guardadas pelo líder, para que ele possa usá-las como incentivo à oração pelos casais durante a semana.

3. O líder e o colíder devem se encarregar de ligar para os membros do grupo ou mandar mensagens ocasionalmente, a fim de encorajá-los e saber como estão aproveitando os estudos.

4. Encontros extras devem ser promovidos visando à confraternização de casais e/ou famílias. Um piquenique, um jantar romântico ou outro passeio do grupo são excelentes ideias.

Sobre a última reunião ou "formatura" do grupo

Recomendamos que seja realizada uma programação especial para o último encontro do grupo. De preferência, a programação pode ser feita uma ou duas semanas depois do último estudo. A "formatura" dos casais pode incluir os seguintes elementos:

- Enfeites especiais.
- Lanche (cada casal deverá trazer um prato de doce ou salgado).
- Convidados especiais (talvez casais interessados em participar em um novo grupo de estudo).
- Testemunho dos participantes sobre os pontos altos dos estudos e sobre a maneira pela qual Deus trabalhou na vida deles e na vida de sua família.

- Entrega de certificados aos participantes que mantiveram a frequência exigida e completaram as tarefas.
- Cadastramento daqueles que gostariam de continuar estudando outro material da série *Construindo um lar cristão*.
- Alguma forma de agradecimento especial ou lembrancinha para os membros do grupo e especialmente para os anfitriões e líderes.

PARTE I

Preparando-nos
para as crises da vida

LIÇÃO 1

Por que enfrentamos tempestades?

> PRINCÍPIO DE CONSTRUÇÃO
>
> O sofrimento ganha a nossa atenção e nos encaminha para a perfeição — a imagem de Cristo em nós e em nossa família.

▪ Objetivos do estudo

Como resultado deste estudo, os membros do grupo devem ser capazes de:

- Entender que as tempestades da vida (sofrimento) fazem parte de um mundo que jaz no maligno.
- Cooperar com a ação de Deus em usar as crises para nos transformar à imagem de Cristo.
- Reconhecer alguns ídolos do coração revelados somente por meio das tempestades da vida.

Sugestões didáticas:

1. Peça que todos preencham a folha "Conhecendo e sendo conhecido" (veja Apêndice 1); essa folha pode ser xerografada e entregue aos membros do grupo. Estes devem devolvê-la preenchida aos líderes, que podem compilar os dados ou reunir as folhas em um fichário.

2. Reconheça que esta lição toca em assuntos muito delicados e, em alguns aspectos, teologicamente difíceis. A questão sobre o "problema do mal" existe desde que o pecado entrou no jardim do Éden, e até agora tem dado origem a mil questionamentos e ainda mais respostas. O objetivo desta lição não é resolver essa questão, mas, sim, lidar com alguns propósitos de Deus quando permite que enfrentemos tempestades na vida. Não devemos ter medo do desconhecido (as perguntas para as quais não temos resposta). Devemos aprender a confiar em Deus em meio às tempestades que nos assolam, para que sejamos mais parecidos com Cristo.

TERRAPLENAGEM

O que você prefere?[1]

Estique uma fita no centro da sala, delimitando dois lados. Todos os membros do grupo devem colocar um pé de cada lado da fita. O líder lerá uma série de perguntas que comecem com "O que você prefere?" As perguntas devem oferecer duas opções de resposta. Cada membro do grupo escolherá a resposta que mais lhe convier. Os que escolherem a primeira opção pularão imediatamente para o lado direito da fita. Os que escolherem a segunda opção pularão para o lado esquerdo, até que sejam feitas todas as perguntas. Com isso, todos vão descobrir fatos interessantes sobre os outros, além de conhecerem as pessoas com quem têm mais afinidade.

Exemplos de perguntas que podem ser feitas:

O que você prefere?
- Visitar o dentista ou o médico?
- Comer brócolis ou espinafre?
- Assistir à televisão ou escutar música?

---

[1] *40 Icebreakers for Small Groups*, encontrado em: http://insight.typepad.co.uk/40_icebreakers_for_small_groups.pdf; acessado em 26 de abril de 2014.

- Ter bastante cabelo ou ser totalmente careca?
- Sentir sempre frio ou sentir sempre calor?
- Ficar cego ou surdo?
- Ter doze irmãos ou não ter nenhum irmão?
- Ficar banguela ou mudo?
- Passar férias no Japão ou na Alemanha?
- Ver o futuro ou mudar o passado?
- Ser 6 centímetros mais alto ou 10 quilos mais leve?

FIRMANDO ALICERCES

Faça cópias suficientes para que cada membro do grupo preencha a folha "Conhecendo e sendo conhecido" (p. 207). Cada casal deve compartilhar pelo menos uma razão pela qual deseja participar do grupo; depois, deve entregar as folhas aos líderes da classe.

Se esta série de encontros for uma continuação de um grupo de estudo da série *Construindo um lar cristão* ou de outro currículo sobre a família, talvez os membros queiram compartilhar testemunhos e/ou respostas a orações sobre o que tem acontecido em sua vida desde o último encontro.

ERGUENDO PAREDES

Certa vez uma senhora foi ver de perto o trabalho feito na prata por um ourives. Ele refinava o metal, retirando dele as impurezas. Durante algum tempo, a senhora o observou e percebeu que ele parecia saber o momento exato em que a prata deveria ser retirada do fogo. Impressionada, perguntou como ele era capaz disso. O ourives respondeu: "Quando vejo meu rosto refletido na prata, sei que é hora de retirá-la do fogo".

É isso o que acontece conosco. Quando Deus vê o reflexo do Seu Filho, Seu caráter desenvolvido em nós, Ele sabe que a obra realizada pelo fogo produziu o efeito esperado. O sofrimento refina nosso caráter e produz a imagem de Cristo em nós — mas, às vezes, como esse trabalho dói!

Esse é o outro aspecto dessa analogia: a dor, e nossa reação a ela, quando o fogo divino começa a nos refinar. A essa dor chamamos "sofrimento", e o sofrimento tem um papel estratégico na formação da imagem de Deus em nós. Entretanto, muito depende da nossa reação a essa dor. Podemos resistir a ela. Podemos correr dela. Podemos negar que ela existe (ou que deve existir) na vida do cristão. Podemos nos vingar dela. Podemos reclamar e resmungar. No entanto, o desejo divino é que nos submetamos a essa dor, ao sofrimento, para que Sua obra seja completa em nós (cf. Tg 1.2-5).

Nos últimos anos, temos visto o surgimento de ondas doutrinárias estranhas às Escrituras. Elas ensinam que o cristão verdadeiro não sofre, nunca fica doente, não passa por problemas financeiros ou dificuldades familiares. Basta, porém, um sobrevoo dos mais superficiais pelas Escrituras para descobrir que esses ensinamentos ficam bem distantes da realidade bíblica. O sofrimento faz parte de um mundo que jaz no pecado — inclusive para o cristão. Mais cedo ou mais tarde, todos nós — e toda a nossa família também — passaremos pelas tempestades da vida. A grande pergunta é se vamos tirar o máximo proveito delas, debaixo da graça e da soberania de Deus, ou vamos desperdiçá-las, talvez a ponto de termos de passar pelo fogo refinador outras vezes.

É de admirar que a soberana graça de Deus use as tempestades deste mundo, o sofrimento, para nos amoldar à imagem de Cristo. Deus não desperdiça nada nesse processo de refinamento, retirando de nós as imperfeições e fazendo com que reflitamos a imagem de Jesus!

Como se dá esse processo? Qual o papel do sofrimento na transformação de um filho de Deus à imagem de Cristo? Vamos iniciar o nosso estudo sobre como enfrentar tempestades. Com essa perspectiva panorâmica, sugerimos aqui pelo menos três benefícios trazidos pelo sofrimento àqueles que estão sendo transformados à imagem de Cristo Jesus:

1. O sofrimento ganha a nossa atenção.
2. O sofrimento revela o nosso coração.
3. O sofrimento nos encaminha para a perfeição.[2]

O sofrimento ganha a nossa atenção

O sofrimento nos faz lembrar a nossa fragilidade. Faz-nos lembrar a nossa incapacidade. Faz-nos lembrar que a vida é breve e o quanto precisamos do Senhor. O sofrimento ganha a nossa atenção!

1. **Leia 2Coríntios 12.7-10.** O apóstolo Paulo dá testemunho do valor que o sofrimento teve em sua vida. Procure listar alguns dos benefícios destacados pelo apóstolo como resultado do seu sofrimento.

   _____
   _____
   _____
   _____

É impressionante como o sofrimento nos faz acordar! Qualquer um que, levantando-se no meio da noite, já tenha batido o dedo do pé em algum móvel entende bem esse princípio. A dor nos faz acordar — e muito rápido!

Para Paulo, o sofrimento fez com que ele mantivesse os pés no chão. O "espinho na carne" a que Paulo se refere o humilhou e fez com que ele se lembrasse de sua fragilidade (cf. v. 7). Não sabemos se esse "espinho na carne" era uma pessoa que o provocava — a ideia de ser um "mensageiro" ou "anjo" de Satanás direciona para essa interpretação — ou uma doença, talvez em sua vista ou em suas costas. O fato é que esse "espinho na carne" fez com que o apóstolo buscasse e dependesse mais de Deus (cf. v. 8). Foi em meio à fraqueza humana que Deus se manifestou forte (cf. v. 9,10), a ponto de ser o único a receber a glória.

[2]Esboço sugerido pelo professor Davi Cox Jr.

A autossuficiência parece ser um fenômeno comum entre os seres humanos. Deixados à própria vontade, nós nos esquecemos de quão fracos somos e de quanto precisamos de Deus. Mas ele nos ama tanto que não permite que continuemos na mesmice da nossa indiferença e arrogância espiritual. As tempestades da vida nos acordam para a necessidade diária que temos de Cristo.

2. Leia a história de Nabucodonosor em **Daniel 4.29-37**. Qual foi a tempestade pela qual esse rei da Babilônia passou? O que ele aprendeu com isso? Como o sofrimento lhe chamou a atenção?

_____
_____
_____

O sofrimento revela o nosso coração

Assim como a dor nos alerta sobre o fato de que algo está errado — seja uma pedra nos rins, seja uma dor de estômago, seja uma unha encravada, seja uma dor de cabeça —, o sofrimento muitas vezes nos alerta acerca das áreas enfermas na nossa vida espiritual. Nesses casos, a dor é uma dádiva de Deus, produto da Sua graça, pois aponta defeitos que talvez nunca reconhecêssemos sem passar pelo sofrimento.

3. Leia Salmo 139.23,24 e observe a oração do salmista. Compare o texto com os primeiros versículos do salmo. Observe que o salmista ora pedindo que Deus saiba o que Ele já sabe! Por quê? Quando pede que Deus sonde o seu coração, o que ele está permitindo que Deus faça?

_____
_____
_____

Jeremias 17.9 nos faz lembrar que o coração do ser humano é desesperadamente corrupto e enganoso, quase impossível de ser sondado e conhecido. O versículo 10, entretanto, revela que Deus conhece e prova o nosso coração e os nossos pensamentos. A ideia do salmista é a mesma quando pede que Deus sonde o seu coração. Ele quer que Deus lhe revele o que Ele mesmo, sendo Deus, já sabe. Às vezes, o Senhor permite que passemos por provações a fim de revelar o que realmente está no nosso coração. Aquilo que é motivo da nossa adoração. Ele já conhece tudo isso. Mas nós, não!

4. Leia Deuteronômio 8.2,3. Quais as razões pelas quais Deus permitiu que o povo de Israel peregrinasse pelo deserto durante quarenta anos?

_____
_____
_____

Graciosamente, Deus revelou para o povo de Israel a necessidade que eles tinham de depender totalmente do Senhor. O sofrimento serviu para revelar o que já havia no coração dos israelitas. Novamente: não porque Deus precisasse saber, mas porque o povo precisava se conhecer. O povo de Israel, como nós, precisava saber que todo esforço, toda a vida, sem Deus e Sua Palavra, são inúteis e vãos.

5. Leia Marcos 7.21-23. Qual a fonte de tudo o que é ruim no ser humano? De onde vem tudo o que é mau?

_____
_____
_____
_____

Só quem vive uma vida "cardiocêntrica" será capaz de gozar da transformação verdadeira. Para isso, muitas vezes Deus precisa usar as tempestades, a fim de revelar os ídolos que estão abaixo da superfície da nossa vida. Assim como uma tempestade de vento e ondas marítimas é capaz de revelar estruturas antigas debaixo da areia de uma praia, Deus usa as aflições para revelar o que está tomando o lugar dEle, roubando a nossa alegria, desviando-nos dos propósitos que Ele tem para nós.

Deus tem de ser o centro de nossa vida! Talvez você consiga se lembrar de algumas vezes em que o dedo de Deus tocou algo que estava se tornando importante demais para você. Às vezes, o sentimento de perda, a dor e o sofrimento aumentam justamente pelo fato de um ídolo do nosso coração ser destronizado.

Deus não é um mal-humorado que faz chover em piqueniques. Ele nos ama tanto que não permite que ídolos tomem o lugar central, que pertence a Ele, em nosso coração.

Temos de tomar cuidado para não dizer que TODO sofrimento existe com o fim de expor algum ídolo que há em nosso coração, ou com o fito de nos disciplinar. Certamente não é este o caso. Foi esse o erro dos amigos de Jó, os primeiros a pregar a teologia da prosperidade, mas que foram duramente repreendidos por Deus (cf. Jó 42.7-9). Todavia, o sofrimento PODE expor ídolos que concorrem com Deus no trono da nossa vida.

Deus não desperdiça o sofrimento e a dor. E não quer que nós os desperdicemos também. Romanos 8.28,29 deixa muito claro que TUDO coopera para o bem, definido no contexto como a imagem de Cristo formada em nós.

O sofrimento nos encaminha para a perfeição

Quando nos vemos como pecadores redimidos pela graça de Jesus, podemos ser transparentes e vulneráveis em nossos relacionamentos, promovendo a verdadeira intimidade, que raramente é vista nas famílias hoje, e que nos encaminha em direção à maturidade espiritual. *Como se afia o ferro com outro ferro, assim o homem afia seu amigo* (Pv 27.17).

A beleza dos relacionamentos, especialmente dos relacionamentos familiares, é a maneira como eles revelam as áreas na nossa vida que não se parecem com Cristo! Relacionamentos próximos são como talhadeiras nas mãos de Deus. Quando o Espírito Santo, escultor por excelência, aplica o martelo da Palavra de Deus na talhadeira de relacionamentos, Ele acaba tirando as "lascas do pecado" que ofuscam a imagem de Jesus em nós. Infelizmente, cada batida da talhadeira dói, mas como vale a pena! Em vez de correr da dor, precisamos abraçá-la como instrumento da graça de Deus para nos fazer mais parecidos com Cristo.

6. À luz de **Romanos 8.17,18,26-31**, estude com o seu grupo o diagrama que segue. Qual o papel do Espírito Santo em nossa vida? Qual o alvo desse processo?

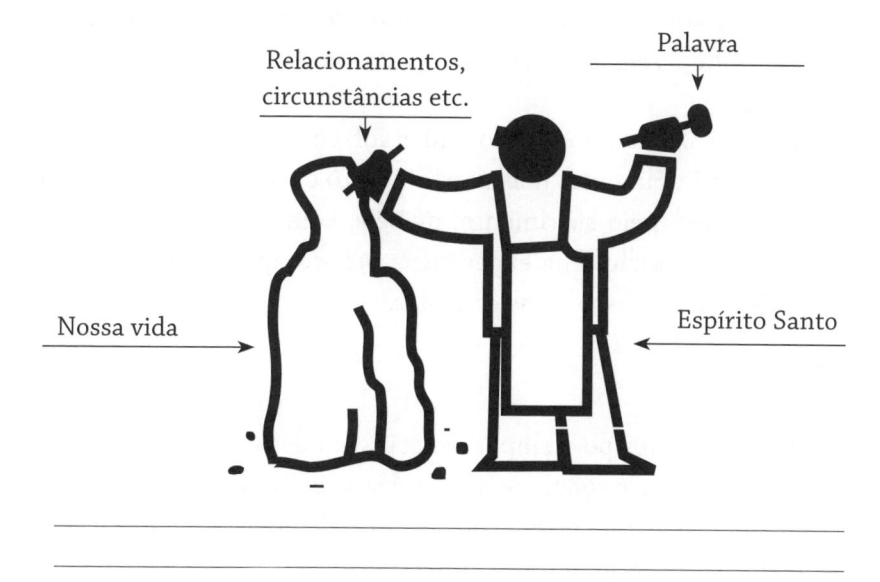

Relacionamentos, circunstâncias etc.

Palavra

Nossa vida

Espírito Santo

_____
_____
_____

Diante do quadro de sofrimento, nossa tendência é tentar SAIR dele, quando devemos tentar EXTRAIR da situação o maior proveito possível. Precisamos abraçar a dor!

O propósito de tudo o que Deus permite que toque nossa vida é nos conformar à imagem de Cristo. Muitas vezes, não entendemos por que temos de passar por aflições, especialmente no lar. O que não queremos fazer é desperdiçar a oportunidade de chegar mais perto de Deus, confessar nossa incapacidade e entender nossa fraqueza e carência da Sua graça.

Nem sempre o sofrimento tira o pecado. Às vezes, simplesmente nos ensina lições importantes, ou nos traz experiência de vida e maturidade, ou nos ajuda a nos identificarmos com outras pessoas para consolá-las em seu sofrimento (2Co 1.3-8). Foi assim com o próprio Jesus, nosso sumo sacerdote, que experimentou a dor e o sofrimento para poder ser compassivo para conosco. Hebreus 5.7-9 diz:

> Nos dias de sua vida, com grande clamor e lágrimas, Jesus ofereceu orações e súplicas àquele que podia livrá-lo da morte e, tendo sido ouvido por causa do seu temor a Deus, embora sendo Filho, aprendeu a obediência por meio das coisas que sofreu. Depois de aperfeiçoado, tornou-se a fonte da salvação eterna para todos os que lhe obedecem.

Note que Jesus nunca pecou, mas sofreu. Ele foi ouvido em suas orações por livramento, mas não foi isento do sofrimento. Jesus foi "aperfeiçoado" pelo sofrimento, ou seja, como homem e por meio da dor, ele adquiriu uma experiência prática, que o capacitou para identificar-se conosco e nos consolar.

Desafio final

Quando passamos por tempos difíceis em nossa família, quando as tempestades nos assolam, quando o fogo do divino refinador parece ser insuportável, precisamos nos lembrar de que Deus não é o autor do mal. Ele é tão gracioso e soberano que consegue usar o sofrimento para chamar nossa atenção, revelar nosso coração e, por fim, nos encaminhar rumo à perfeição — a imagem do Seu Filho refletida em nós.

Nosso desafio será COLABORAR com Deus nesse processo, custe o que custar, doa quanto doer, certos de que *aquele que começou a boa obra em [nós] irá aperfeiçoá-la até o dia de Cristo Jesus* (Fp 1.6). Nas lições a seguir, vamos descobrir COMO Deus quer usar as tempestades para nos formar à imagem de Cristo, conforme diz 2Coríntios 3.18:

> *Mas todos nós, com o rosto descoberto, refletindo como um espelho a glória do Senhor, somos transformados de glória em glória na mesma imagem, que vem do Espírito do Senhor.*

INSPECIONANDO A CONSTRUÇÃO

Leia o texto "Escultores da alma", escrito pelo dr. William Lawrence. Destaque as frases que mais chamam a sua atenção.

ACABAMENTO

(?) **Leia Tiago 1.2-4.** Quais são as atitudes que Deus espera de nós em meio à aflição? O que devemos fazer? O que NÃO devemos fazer?

___

___

___

___

ESCULTORES DA ALMA[3]

O bloco de mármore que Michelangelo transformou na famosa escultura "Davi", permaneceu, por décadas, quase intocado no depósito da catedral em Florença. Antes que o trabalho fosse oferecido a Michelangelo, dois outros escultores haviam tentado fazer algo daquele bloco de mármore. Um começou a trabalhar com a pedra, mas logo desistiu, porque achou que seus talentos se restringiam a trabalhos mais delicados. O grande Leonardo da Vinci rejeitou a oportunidade de transformar aquele pedaço de rocha, dando preferência a outro projeto que considerava estar mais de acordo com o seu gosto.[4] Quando lhe foi oferecida a oportunidade, Michelangelo concordou em fazer o que os outros não puderam fazer. Ele construiu uma barraca em volta do bloco de mármore e a manteve

---

[3]LAWRENCE, William. *Leadership Formation Institute*, 28 de junho de 2011. Tradução de Werner Seitz; adaptação de David J. Merkh. Usado com a permissão do autor.

[4]MORGAN, Charles H. *The life of Michelangelo*. New York: Reynal & Company, 1960, p. 59-64.

trancada o tempo todo. Por três anos, ele trabalhou para transformar o bloco informe em uma eterna obra de arte. Para começar, Michelangelo examinou minuciosamente o mármore, a fim de descobrir que poses ele poderia esculpir. Fez vários esboços e modelos do que poderia vir a criar e então testou, em uma versão de cera e em escala menor, a imagem que desejava ter como resultado final.[5] Em seguida, tomando marreta e talhadeira, iniciou o trabalho.

Quando Michelangelo olhou para o bloco de mármore, viu o que aquele pedaço de rocha poderia vir a ser, e não o que já era. Ele não o rejeitou por ser ainda imperfeito. Ele viu a forma de trabalhar as imperfeições, até mesmo de incorporá-las em seu projeto. O que ele fez foi tão fantástico que nem mesmo imperfeições evidentes poderiam manchar sua beleza. Há marcas de broca no espesso cabelo encaracolado de Davi; algumas das marcas originais da pedreira estão bem no alto da cabeça; podem ser vistos traços de cortes feitos por um escultor que, quarenta anos antes de Michelangelo, falhou em fazer o que este fez: criar uma das maiores obras-primas de todos os tempos.

Michelangelo, o escultor de Davi, ilustra o que acontece quando Deus usa as talhadeiras da vida para nos esculpir à imagem de Jesus. Ele consegue ver o que muitos não enxergam.

É um privilégio termos sido esculpidos por Deus, tornando-nos instrumentos seus na transformação da alma daqueles que estão ao nosso redor — especialmente a nossa família —, utilizando princípios de formação espiritual.

Nesta lição, estudamos sobre o processo pelo qual somos esculpidos à imagem de Cristo. Mas como podemos ser instrumentos de mudança na vida de outros? "Formação espiritual" é o nome dado a esse processo.

Formação espiritual é uma prática antiga que tem se renovado em nossos dias. Em nossa época, temos assistido à explosão da fome espiritual pela realidade do conhecimento de Cristo na plenitude de seu ser. Isso significa que somos parte de alguns poucos

[5]Ibidem, p. 61.

privilegiados na história dos que vivem nesta era. Nosso alvo é ser as mãos de Cristo ao esculpir "Davis espirituais", homens e mulheres de beleza espiritual tão intensa que mostrem ser parecidos com Cristo, de maneira tão inegável que outros busquem ser como eles (Ef 2.8-10).

Qual o nosso propósito na formação espiritual? Glorificar a Deus, ajudando outros e ajudando a nós mesmos a nos tornarmos como Cristo, pela capacitação do Espírito Santo.

Entretanto, como Dallas Willard assinala, histórica e frequentemente a formação espiritual tem se degenerado em uma singularidade egoísta, um egocêntrico beco de espiritualidade sem saída. Nós não podemos permitir que a formação espiritual se torne um fim em si mesma, sem que faça nenhuma diferença notável no mundo.

O processo da formação espiritual envolve quebrantamento. Quebrantamento é um processo contínuo de dor, escolha e crescimento, mas que pode também provocar resistência e ocultação da dor. O quebrantamento pode ser descrito como os momentos em que, em nossa peregrinação, somos forçados por Deus a enfrentar a futilidade de nossos pensamentos, deixando de perseguir os próprios interesses para perseguir mais plenamente os interesses divinos.

O quebrantamento envolve muitos aspectos, incluindo sucesso, falhas, problemas de saúde, dificuldades de um filho, severidade de um chefe, injustiça, convicção e confissão de pecado. Entrar no descanso e dependência de Jesus significa liberar o próprio controle para confiar em Cristo. E só por meio do quebrantamento que alguém pode entrar no descanso e dependência de Cristo.

Muitas pessoas nunca entenderão por que precisaram experimentar lutas e sofrimento, mas perceberão o benefício que resultou disso. Uma pessoa que se recusa a responder com confiança em Deus nesses momentos vai se mostrar mais fragilizada e resistente e perderá oportunidades significativas de influenciar outros.

Uma pessoa esculpida pelo sofrimento e pelo quebrantamento torna-se um agente de santificação nas mãos de Cristo, ao lavar, como o Mestre, os pés daqueles a quem serve. Ela se humilha, para ser limpa por outros.

Essa pessoa tem a **mente** de Cristo (Fp 2.1-11), as **mãos** de Cristo (Jo 13.1-17) e o **coração** de Cristo (Mt 11.28-30). Tem um coração quebrantado por meio da morte, do sepultamento e da ressurreição do seu "eu", para que nela viva a pessoa de Cristo (Gl 2.20). A única solução para um coração endurecido é a cruz, a sepultura e a ressurreição.

O olho do artista

Quando comecei a exercer o pastorado, tudo o que eu via nas pessoas eram suas falhas. Eu via as razões por que elas não poderiam ser diáconos ou professores, ou equipadas para servir aos outros. Eu era um crítico em vez de um escultor de almas. Isso era tudo o que eu via, porque eu estava olhando para as pessoas com o olho de um crítico, em lugar de olhá-las pelo olho do supremo artista. Eu via o que elas eram em si mesmas, e não o que poderiam ser em Cristo. Não eram suas falhas que as impediam de ser tudo para o que tinham sido criadas por Cristo; era o meu julgamento crítico que me cegava e me impedia de ver como Cristo poderia transformá-las. Deixei de ver tudo o que Deus estava fazendo por meio de pessoas que eu considerava não ter as qualidades necessárias para serem usadas por ele. Meu coração era tão duro como um bloco de mármore, e eu nem mesmo sabia disso. Eu tinha de mudar, mas não sabia quanto, embora percebesse que precisava passar a ver as pessoas de modo diferente. Eu precisava vê-las como Michelangelo viu o bloco de mármore e transformou-o em seu Davi.

De corações de mármore a esculturas de Davi

As pessoas ao nosso redor vêm a nós com marcas da pedreira e cortes feitos em sua vida por outros escultores muito antes de começarmos nosso ministério com elas. Elas têm falhas de seu passado: vergonha, culpa, raiva, amargura, orgulho, medo — tudo o que o pecado causa em décadas de busca atrás das tolices de nosso tempo. Como Michelangelo, não podemos permitir que essas falhas nos impeçam de tomar nossa "marreta-tipo-cruz" e começar a cortar o mármore de seu coração. É claro que consultamos o Artista-Mestre, gastando grandes períodos de tempo em oração por elas, buscando discernir a maneira de atender, pela Palavra, às suas necessidades. Desbastamos as imperfeições de sua alma, martelando, primeiro delicadamente, depois de maneira firme, até que o orgulho, a raiva, o ódio, o medo — o que quer que seja — sejam tirados, e um pouco mais de Davi apareça. O nosso projeto não é de três anos, é claro; é um projeto de uma vida, ou de tanto tempo quanto o Artista-Mestre decidir usar nossas mãos para criar Sua obra de arte nessas pessoas. Gradualmente, vemos o mármore de seu coração sendo transformado na beleza de um Davi, e nos regozijamos pela aproximação do dia em que as apresentaremos completas em Cristo. Será um grande dia, quando o Artista-Mestre decidir onde elas devem ser exibidas pela eternidade.

Que privilégio saber que temos participado com Cristo na criação de uma obra de arte eterna no coração de homens e mulheres! Ele escolheu colocá-los em nossas mãos, e nós decidimos dar a Ele nossas mãos. É assim que nós labutamos, até agonizamos, sobre essas obras de arte, enquanto Ele, poderosamente, age por nosso intermédio na transformação de almas falhas em homens e mulheres completos.

Isto é formação espiritual: servir como escultores da alma. Nenhuma honra poderia ser maior; nenhuma responsabilidade, mais alta. Devemos assumi-la como a mais séria tarefa que nós podemos ter neste tempo ou na eternidade.

LIÇÃO 2

O coração e seus ídolos[1]

> Princípio de construção
> As tempestades da vida muitas vezes expõem ídolos que reinam em nosso coração.

- **Objetivos do estudo**

Como resultado deste estudo, os membros do grupo devem ser capazes de:

- Reconhecer que o problema do homem não está nas circunstâncias tanto quanto está em seu coração.
- Identificar alguns dos "ídolos do seu coração", os desejos e "necessidades" que regem sua vida.
- Ver em Cristo a única esperança de se preparar para as tempestades da vida, por meio de uma obra profunda na esfera do coração.

---

[1] O conteúdo das lições 2, 3 e 4 foi grandemente baseado na apostila *Understanding Spiritual Growth* (Ralph Reamer et al., *Fellowship Baptist Church*, Mt. Laurel, NJ), que, por sua vez, foi baseada em muitas fontes, inclusive no material usado em aconselhamento bíblico e oferecido pela *Christian Counseling and Education Foundation* (CCEF), Glenside, Pennsylvania, EUA.

Sugestões didáticas:

Ore muito antes de ministrar esta lição. Alguns resistirão à ideia de que há algo faltando ou errado com seu coração. Seja humilde e pronto para identificar as necessidades do seu próprio coração.

TERRAPLENAGEM

Cada um na sua[2]

Procure descobrir pessoas que tenham afinidades naturais, dividindo-as em grupos cada vez menores.

Reúna o grupo em um círculo e explique que as pessoas serão divididas conforme as respostas que derem a uma série de perguntas feitas pelo líder e que admitem duas respostas. Depois de cada pergunta, os grupos devem ir se formando com aqueles que escolheram a mesma resposta.

Por exemplo, a primeira pergunta pode ser: "Você trabalha melhor de manhã ou à noite?" (Designe um lado da sala para cada resposta.)

A segunda pergunta pode ser: "Você prefere passar férias nas montanhas ou na praia?" (Agora, haverá quatro grupos na sala — os que responderam "de manhã", para a primeira pergunta, e "nas montanhas", como resposta para a segunda; os que responderam "de manhã" e "na praia"; os que responderam "à noite" e "nas montanhas"; e os que responderam "à noite" e "na praia".)

O exercício deve continuar assim, com os grupos se subdividindo e descobrindo com quem têm maior ou menor afinidade. Outras perguntas que podem ser usadas:

1. Você tem (ou não) algum bicho de estimação em casa?
2. Você prefere passar uma noite calmamente em casa, lendo um livro, ou ter uma noite agitada na cidade?
3. Você prefere assistir a um evento esportivo ou a um concerto?
4. Você prefere comida chinesa ou comida italiana?

[2] Esta ideia me foi sugerida pelo amigo e colega Doug Lindow.

FIRMANDO ALICERCES

Compartilhe as frases que mais lhe chamaram a atenção no texto "Escultores da alma".

ERGUENDO PAREDES

Para enfrentarmos as tempestades inevitáveis da vida, não adianta pensar somente em mudança superficial. As crises expõem nosso coração, por isso é nele que precisa começar a preparação para enfrentá-las. (Às vezes, o que consideramos como "crise" torna-se mais difícil de ser enfrentado justamente porque revela um "ídolo" que reside em nosso coração. Por exemplo, se faltar luz justamente na hora do campeonato que eu esperei a semana toda para assistir, minha "crise" será bem maior do que o seria para outra pessoa que esperava um jantar romântico à luz de velas.)

O ministério de Jesus foi sempre assim: arraigado não em coisas externas, mas no coração. Foi um método de ensino "radical" para seus ouvintes — e ainda o é nos dias atuais. No entanto, o que ele ensinava e o que dizia representava uma "volta às bases" do princípio apresentado em 1Samuel 16.7.

1. Conforme 1Samuel 16.7, qual a diferença entre a perspectiva divina e a perspectiva humana na avaliação de pessoas? Como manifestamos uma preocupação demasiada com aparências?

   _____
   _____
   _____

É característico do homem preocupar-se com coisas visíveis, externas e superficiais, enquanto Deus visa ao coração humano. Preocupações com moda, roupa de grife, aparência física, *status* social, assim como atitudes racistas e preconceituosas revelam um foco superficial e externo.

Quando falamos do coração humano, estamos nos referindo ao todo do seu ser, o "homem interior", em contraste com o aspecto físico, exterior. Se a mudança não for verdadeira e não ocorrer na esfera do coração, há possibilidade (quase certeza) de que essa mudança seja temporária e superficial, incapaz de resistir às tempestades da vida.

Para uma mudança verdadeira, e para que possamos ser fortalecidos, temos de reconhecer que existem pelo menos dois problemas básicos com o coração humano:

1. Nele, algo está faltando;
2. Nele, algo está errado.

O que está faltando no coração humano?

Em termos gerais, o ser humano não percebe sua profunda necessidade de mudança interior. É isso que está faltando. Somente quando reconhecermos a pobreza em nós mesmos é que teremos condições de corrigir o que está errado. *Bem-aventurados os pobres em espírito, pois deles é o reino do céu* (Mt 5.3; cf. Mt 11.28-30).

O ministério de Jesus enfocava o coração. Muitas vezes, ele passava pela "fumaça" de autoproteção erguida pelas pessoas para apontar suas reais necessidades interiores (veja o exercício no final desta lição).

2. Leia Marcos 10.17-24, que narra o encontro de Jesus com o jovem rico. Mesmo sem saber, esse jovem estava em crise (v. 22). Por que Jesus não respondeu diretamente à pergunta daquele homem? Como Jesus expôs o coração do jovem?

_____
_____
_____
_____

Jesus reconheceu a autossuficiência e o orgulho espiritual que precisavam ser quebrados no coração daquele jovem. Jesus o fez enfrentar a própria necessidade de mudança interior. Revelou-lhe a cobiça arraigada em seu coração (à luz do décimo mandamento), mostrando-lhe que seu verdadeiro estado espiritual era o contrário do que ele pensava. O jovem chamou Jesus de "bom", mas para ele havia somente um que era "bom" — ele mesmo! Usando de sabedoria, Jesus causou certo embaraço em seu interlocutor, para que este pudesse reconhecer que, de fato, era Jesus o único "bom", ou seja, o verdadeiro Deus-homem.

3. O que faltava naquele jovem?

Assim como nós, o jovem rico precisava de um conhecimento profundo do verdadeiro estado do seu coração. Escondia-se por trás da obediência legalista e formal aos mandamentos, quando de fato seu coração estava longe de Deus.

Só quando olhamos para o nosso coração é que entendemos a necessidade que temos de mudança e da graça de Jesus.

4. Leia Lucas 6.43-45. O que Jesus ensinava sobre os frutos de uma vida? O que é revelado pelos frutos?

Se alguém derruba um copo de água porque tropeçou, não fica assustado perguntando "De onde veio a água?" A água estava no copo. Da mesma forma, quando as tempestades da vida, especialmente na vida familiar, nos fazem "tropeçar", o que sai de nós é o que já estava dentro do nosso copo! Conforme o texto de Lucas 6, os nossos frutos revelam quem realmente somos.

Voltando à metáfora da árvore e seus frutos, não adianta querer mudar o fruto sem transformar a raiz (o coração). Infelizmente, hoje há quem ensine que somos o produto das circunstâncias que nos cercam, quando, de fato, é o contrário: as circunstâncias muitas vezes são o produto do que somos. Ou pelo menos revelam o que está dentro de nós.

Tentar resolver os problemas das pessoas sem atacar a raiz do problema é como grampear frutos comprados no mercado numa árvore podre. Mais cedo ou mais tarde, todos vão perceber a futilidade disso. Transformação INTERIOR é o primeiro passo de mudança verdadeira em meio às tempestades da vida.

É interessante observar que, sempre que lidava com pessoas e as ensinava, Jesus tinha em mira o coração dessas pessoas. Reconhecia que crises revelam o coração humano, assim como as ondas de uma tempestade removem a areia da praia e expõem pedras antes escondidas. Muitas vezes, o problema ou a crise que as pessoas *pensam* ser sua necessidade principal é uma fachada que esconde o que está um pouco abaixo da superfície.

Quando ajudamos outras pessoas e aconselhamos a nós mesmos, temos de olhar além do óbvio, evitar a tendência natural de achar soluções rápidas e fáceis, e examinar o coração e seus motivos. Somente assim é que encorajaremos uma mudança permanente.

O que há de errado no coração humano?

Além de reconhecer que algo está faltando no coração humano (um entendimento da sua profunda necessidade), algo também está muito errado com ele. Muitas vezes, as pessoas não sabem que têm necessidades básicas na esfera do coração. Mesmo que percebam alguma carência, procuram atender a essa necessidade de forma errada — dando lugar a ídolos (ou seja, encontrando a resposta errada para a necessidade errada).

5. Leia Ezequiel 14.1-5. Em meio ao exílio, os líderes espirituais da nação de Judá procuraram o profeta para receber uma palavra do Senhor sobre o futuro de Jerusalém. Realmente estavam em crise. Ezequiel aproveitou a situação para apontar algo muito mais errado na vida daquelas pessoas. Qual o problema maior daqueles líderes? O que significa ter "ídolos no coração"?

_____

_____

Certa vez, o reformador João Calvino disse: "O mal não está tanto em nossos desejos, mas no fato de que os desejamos tanto". Outra pessoa acrescentou: "Minhas necessidades sentidas tornam-se o meu deus funcional". Em outras palavras, sou impulsionado pelos meus desejos e por aquilo que considero ser minha necessidade, a ponto de fazer disso o meu senhor, aquilo que me controla, aquilo a que sirvo e adoro.

No tempo de Ezequiel, o povo de Israel adorava outros deuses no íntimo do seu coração, e não o Deus de Israel. Haviam substituído o Deus verdadeiro por deuses "de fabricação própria", que julgavam atender às suas necessidades imaginárias.

Podemos desejar coisas boas, mas da forma errada. Por exemplo, uma esposa pode desejar que o marido se converta ou que a trate melhor. São desejos positivos e válidos, mas, se ela os desejar mais do que deseja a glória de Deus, poderá desrespeitar o marido, tentar manipulá-lo, controlá-lo, na tentativa de receber o que ELA quer, QUANDO ela quer. Um pai pode desejar ter filhos obedientes, mas pela razão errada — para ser parabenizado pelos parentes, para conseguir um cargo de liderança na igreja ou para não passar vergonha — e não para que Deus seja glorificado na vida de seus filhos.

Quando entramos em crise, uma boa pergunta para fazermos a nós mesmos é esta: "O que eu quero, realmente, e por que desejo alcançar isso?" Esta pergunta ajuda a revelar os motivos e os ídolos do coração. Todos nós somos adoradores. A pergunta é: "A quem (ou o que) adoraremos?" Pelo fato de o nosso coração ser enganoso (cf. Jr 17.9), temos de pedir a Deus que o sonde para revelar os ídolos que nele estão presentes (cf. Sl 139.23,24).

Para tratar da raiz dos problemas, e não apenas dos seus sintomas, é absolutamente essencial que baseemos o nosso estudo em princípios bíblicos. Nas outras lições deste caderno, sempre trataremos dos problemas a partir do coração, e não somente do comportamento.

6. Leia Hebreus 4.12,13. O que Deus nos deu para que possamos entender o nosso coração? Quais as implicações disso quando enfrentamos as tempestades da vida?

_____
_____
_____

A Palavra de Deus é nossa maior e melhor ferramenta para expor os motivos e os ídolos do nosso coração. Devemos sempre recorrer à Bíblia para sondar a nós mesmos e para pensar corretamente sobre nossos problemas.

Mudança verdadeira em meio às crises e tempestades da vida sempre acontece na esfera do coração. Sempre expõe a carência profunda que existe e aponta a necessidade de Cristo Jesus e da Sua graça. Lembremo-nos: Ou o meu coração focaliza Cristo, ou focalizará a mim mesmo. Somente a cruz nos liberta de nós mesmos!

INSPECIONANDO A CONSTRUÇÃO

Complete a tarefa a seguir: "Jesus e o coração".

JESUS E O CORAÇÃO

Em Seu ministério, Jesus lidava com pessoas em crise (mesmo que elas não soubessem disso) e realizava uma cirurgia cardíaca, expondo-lhes o coração. Veja como, em Seu ministério, Jesus trabalhava na esfera do coração do homem. Preencha a coluna do meio, descrevendo como Jesus demonstrava visar ao coração, e não somente ao comportamento humano. Na coluna da direita, anote o que você descobrir como princípio ou lição para a sua vida.

Texto	Como Jesus fitava o coração	Princípio ou lição
Mateus 5.1-12 O sermão do monte As bem-aventuranças		
Mateus 5.21-48 O sermão do monte ouvistes que foi dito		
João 4.1-26 A mulher samaritana		
Marcos 7.1-23 Farisaísmo		
João 3.1-21 Nicodemos		
João 8.1-11 A mulher em adultério		

ACABAMENTO

(?) Leia parte do ensino de Jesus no sermão do monte: **Mateus 5.21,22,27-48**. Como Jesus interpretava a Lei do Antigo Testamento — ao pé da letra, ou enfocando o coração do homem? Em Seu ensino, como ele olhava para o coração, e não somente para o comportamento do homem? Como o ensino de Jesus difere do legalismo?

_____
_____
_____

LIÇÃO 3

A graça de Deus e a cruz de Cristo

> Princípio de construção
>
> *Uma vida de humilde dependência de Cristo equipa-nos para enfrentar as tempestades.*

- **Objetivos do estudo**

Como resultado deste estudo, os membros do grupo devem ser capazes de:

- Reconhecer que somente a graça de Deus revelada na cruz de Cristo será capaz de equipá-los para enfrentar as tempestades da vida.
- Identificar áreas em sua vida em que não vivem pela graça, mas pelas obras.
- Traçar as raízes de algumas áreas de sua vida em que têm enfrentado sofrimento por não viverem, momento após momento, na dependência de Cristo.

Sugestões didáticas:

Se o grupo ainda não desenvolveu o hábito de orar uns pelos outros, talvez você queira que compartilhem pedidos de oração, a fim de preencherem o Caderno de Oração encontrado no final deste volume (p. 209). (Tenha cuidado para não perder o controle do tempo com esse exercício, e faça com que ele seja um momento significativo em cada reunião.) Deixe que o grupo atualize suas listas de oração no início ou no final de cada encontro.

O início desta lição aponta para a salvação dos pecadores em Cristo Jesus. Esteja pronto para, no final deste estudo, conversar com aqueles que ainda não conhecem Cristo como Salvador. Talvez você queira fazer uma pausa no meio da lição para orar, com essas pessoas, pela sua salvação.

Mais uma vez, estamos estudando uma lição que traz profundas implicações para a vida de todos, inclusive para a vida dos facilitadores. Esteja com o coração aberto, pronto e disposto a deixar que Deus lhe fale profundamente sobre as áreas de sua vida em que você está vivendo na própria força, pelos motivos errados, e não pela graça de Deus.

TERRAPLENAGEM

Bolo de troca-troca

- MATERIAL NECESSÁRIO: Um bolo simples, um chapéu, óculos escuros (de preferência, óculos infantis), luvas, um dado, um garfo e uma faca.

- PROCEDIMENTO: Os membros do grupo ficam de pé ao redor da mesa onde está o bolo e lançam, sucessivamente, o dado. Quem conseguir marcar seis pontos no dado deve "vestir", o mais rapidamente que puder, o chapéu, os óculos e as luvas e começar a comer o bolo com garfo e faca, enquanto os demais continuam a lançar o dado. Se outra pessoa conseguir marcar seis pontos, terá agora o direito de comer o bolo. Receberá, então, a faca, o garfo, o chapéu, os óculos e as luvas e substituirá a primeira pessoa como "degustadora do bolo". É necessário que toda a "roupa" seja "vestida" antes que a pessoa comece a comer o bolo. Enquanto houver bolo e disposição para comer, a atividade continuará, com uma pessoa substituindo a outra ao marcar seis pontos no dado!

FIRMANDO ALICERCES

Compartilhem o que foi feito na tarefa "Jesus e o coração".

ERGUENDO PAREDES

Na última lição, estudamos sobre a necessidade do coração humano. Todos somos adoradores. Adoramos a Deus ou adoramos os ídolos que tomam o lugar de Deus em nosso coração. Qualquer coisa que desejarmos mais do que desejamos a glória de Deus, mesmo as coisas boas, constitui um ídolo em nosso coração. Muitas vezes, as tempestades da vida revelam esses ídolos, fazendo vir à tona a sujeira e a carência do nosso coração.

Então, o que fazer com o que descobrimos "no fundo do baú"? Para essa pergunta, há duas respostas. Elas têm a ver com a graça de Deus revelada na cruz de Cristo e são fundamentais para o que estudaremos mais tarde neste caderno. Sem a resposta certa à necessidade que TODOS nós temos, nunca conseguiremos alcançar a mudança verdadeira que nos fará sobreviver a essas tempestades.

Graça na salvação

1. **Leia Efésios 2.8,9 e Romanos 1.17.** Deus oferece, pela graça, a salvação do pecado que está no coração de todos os homens. Segundo esses versículos, como recebemos esse *dom gratuito* (cf. Rm 6.23)?

   _____

   _____

Salvação genuína vem somente pela fé. E fé significa "confiar", ou seja, depender da obra que Cristo realizou por meio de Sua morte e ressurreição (cf. 1Co 15.1-4). Pela fé, confessamos que somos pecadores, que somente Cristo, o perfeito Filho de Deus, pode nos salvar e que sem Ele estamos perdidos. Abraçamos a Sua morte porque, por ela, Ele levou o castigo que merecíamos por nossos pecados, e, pela vida alcançada por Ele em Sua ressurreição, temos a nova vida. Tudo isso Deus nos oferece "de graça", enquanto Ele mesmo assumiu o custo da vida de Seu Filho.

Deus se agrada quando nossa fé está firmada única e exclusivamente nEle. Ele é exaltado quando reconhecemos a nossa finitude e nos rendemos à obra do Seu Filho para nos salvar.

Se você nunca abraçou a salvação providenciada por Deus para a solução do problema do coração humano, pode tomar essa decisão agora mesmo, recebendo o que o Senhor oferece de graça, mas que custou a vida de Jesus, Seu Filho unigênito. Fale com seu facilitador ou com outro membro do grupo para saber como você pode receber um novo coração em Cristo.

2. Leia Ezequiel 36.26,27,31 e 2Coríntios 5.17. O que Deus oferece para aqueles que estão *em Cristo Jesus*?

_____

_____

_____

A nova vida em Cristo inclui um novo coração e a presença do Espírito de Deus em nós. E, se estamos em Cristo, somos considerados nova criação.

Esse é o começo de uma nova vida, o que o evangelho de João, capítulo 3, chama de "novo nascimento". O desejo de Deus é "recapturar" o coração daqueles que O abandonaram para seguir os próprios ídolos. Só assim Deus poderá produzir fruto em nossa vida. O que estava morto, agora vive (cf. Ef 2.1-4). Toda a nossa vida interior é renovada, não por esforço nosso, mas pela graça de Deus.

Graça na santificação

Infelizmente, entre os que se chamam "evangélicos" (os que creem nas boas-novas da graça de Deus para a eterna salvação), é muito comum encontrar aqueles que recebem a salvação pela graça, mas depois procuram viver a vida cristã pelas obras. Em outras palavras, eles querem agradar a Deus pelas muitas atividades cristãs, pelo próprio esforço, pelo próprio desempenho. Acabam se esquecendo de depender de Deus a cada momento, vivendo a vida pela fé na provisão de Cristo. Sutilmente, são enganados pelo próprio coração ao pensar que, por si mesmos, serão capazes de viver a vida cristã (ou seja, a vida de Cristo). Caem na autossuficiência, que eventualmente leva ao orgulho (pelo sucesso) ou ao desânimo (pelo fracasso). Parte do resultado é o sofrimento desnecessário quando as tempestades da vida revelam essa base insatisfatória para a vida cristã.

3. Leia Gálatas 3.3. Qual foi o erro dos gálatas?

_____

_____

_____

A verdade revelada pelo evangelho é que precisamos de Cristo tanto para a salvação quanto para a santificação. A vida cristã exige dependência dEle, momento após momento, e a renúncia à nossa suficiência. Depois de salvos, os gálatas estavam tentando viver a vida cristã pelas obras, e não pela fé.

Crises no lar muitas vezes servem para fazer com que dependamos única e exclusivamente de Cristo. Infelizmente, às vezes ficamos tão desesperados para SAIR da dor, que nos esquecemos de EXTRAIR dela seu proveito.

Uma esposa com marido descrente; pais com um filho rebelde; um filho com pai alcoólatra; conflitos conjugais; infertilidade; abuso sexual na infância; dívidas e finanças fora de controle são situações que podem provocar um desespero que somente encontra resposta em Cristo. Jesus quer ser TUDO para nós.

4. Leia Gálatas 2.19-21. Como se vive a vida cristã?

_____

_____

_____

A vida cristã é, por definição, a vida de CRISTO em nós! Essa vida só pode ser vivida pela fé no Filho de Deus, permitindo-se que Ele viva Sua vida em nós e por meio de nós. Essa é uma vida sobrenatural.

Quando queremos resolver problemas e crises pelo próprio esforço, sem a dependência profunda de Jesus, sem reconhecer a carência e os enganos do nosso coração, acabamos por buscar soluções apenas comportamentais ou superficiais. A solução para os problemas do homem encontra-se na esfera do coração, onde Jesus, pelo Espírito, quer nos transformar dia após dia, *de glória em glória* (cf. 2Co 3.18).

Quando tratamos de problemas por meio de *band-aids* espirituais, corremos o risco de achar para eles uma solução fácil, mas ineficaz. Jesus nos deixou o padrão impossível de alcançar: a perfeição divina (cf. Mt 5.48), o que resulta em um sentimento de inadequação e carência, e isso nos mantém sempre à beira de uma vida de dependência total. Sabendo ou não, todos somos inadequados e carentes. A diferença é que alguns reconhecem sua necessidade, enquanto outros não a reconhecem nem se esforçam por supri-la.

5. Leia 2Coríntios 5.21 (cf. 1Pe 2.24; Rm 4.24,25). O que Cristo fez por nós?

_____
_____
_____

Observe que as boas-novas do evangelho incluem dois aspectos:

1. Cristo morreu pelos nossos pecados, livrando-nos da morte.
2. Cristo nos fez Sua justiça. Em outras palavras, não apenas evitamos o castigo da morte pelos pecados, mas GANHAMOS a própria justiça e vida de Cristo. Essa parte da transação da cruz muitas vezes permanece em nosso esquecimento. Realmente, somos aceitos perante Deus, não pelo nosso esforço, mas pelos méritos do Seu Filho — somos vestidos da justiça de

Cristo! Nada que fazemos ou deixamos de fazer nos torna mais "filhos" de Deus do que já somos. E isso não nos transforma em amantes do pecado, mas nos motiva a viver uma vida agradável ao nosso Pai, fazendo-nos abandonar todo motivo de orgulho e de desânimo. O autor A. W. Tozer declarou: "Experimentar a decepção com nós mesmos significa ter acreditado em nós".

Cristo tomou sobre si o nosso pecado e sofreu nosso castigo, nossa morte; ao mesmo tempo, Ele transferiu para nós Sua própria justiça, tornando-nos não somente inocentes diante da justiça de Deus, mas vestindo-nos com a Sua justiça!

6. No gráfico a seguir, o que cada texto diz sobre nossa necessidade interior (*versus* um padrão externo, baseado em desempenho e esforço próprio)?

Texto	Qual a nossa necessidade interior?
Salmo 34.18 Salmo 51.17	
Isaías 57.17	
Isaías 66.2,3	
Jeremias 9.23,24	
Mateus 9.12,13	
Mateus 5.3	

O que fazer quando finalmente vemos a carência do nosso coração, nosso desespero sem Cristo, e reconhecemos que a única solução é depender dEle diariamente? Nossa única esperança é correr de volta para Jesus, humildes, dependentes, carentes da força divina para nos capacitar. Parte desse processo envolve nossa identificação com Jesus em Sua morte e ressurreição. Estar "em Cristo" (expressão predileta do apóstolo Paulo para descrever a identidade do cristão) significa estar unido a Ele em tudo que fazemos ou pensamos.

7. Enfrentando as tempestades da vida, muitas vezes as pessoas pensam que não há outra opção a não ser pecar. Sentem-se como vítimas, forçadas pelas circunstâncias, incapazes de resistir à tentação. Em Cristo, entretanto, temos intensificada a capacidade de resistir ao pecado.

Leia Romanos 6.1-14 e responda a estas perguntas:

(?) O que significa ser "batizado" na morte de Cristo Jesus (v. 3,4)?

(?) Qual a importância de ter a nossa "velha natureza humana" crucificada (v. 6)?

(?) Quais os três passos para alcançarmos a vitória sobre o pecado (v. 11-14)?

Fomos IDENTIFICADOS com Jesus, como se nós mesmos morrêssemos e ressuscitássemos com Ele.

Morremos para o pecado, ou seja, o pecado não tem mais domínio sobre nós. Não somos mais compelidos a praticá-lo, como antes, pois, agora, temos a capacidade de obedecer a Deus e andar em novidade de vida. Os passos para o alcance da vitória sobre o pecado são estes:

1. Ter como fato consumado a morte para o pecado. Isso significa não acreditar que somos vítimas sem recurso, sem escape, forçados a pecar.
2. Não permitir que o pecado reine ou domine nossa vida.
3. Tomar a decisão de entregar nosso corpo a Deus, e não ao pecado.

8. Para resumir esta lição, **leia João 15.1-8**. Segundo este texto, qual a chave para a vida cristã?

_____
_____
_____
_____

A vida abundante, que produz fruto para a glória de Deus, reconhece sua incapacidade de fazer qualquer coisa sem Cristo. Vive na dependência dEle momento após momento. A cruz do Calvário é o segredo, não somente da salvação, mas também da santificação. O fruto que Deus espera de nós é a busca pela semelhança com Cristo, tanto em nossa vida quanto na vida das pessoas a quem ministramos.

Seria difícil superestimar o significado desta lição e das verdades aqui estudadas. Para enfrentar as tempestades da vida e, acima de todas elas, a tempestade da natureza pecaminosa que em nós se encontra, precisamos viver PELA FÉ, na provisão que a graça de Deus oferece na cruz e na ressurreição de Cristo. Para vivermos seguros em meio à tempestade, é preciso:

- Desenvolver humildade e quebrantamento diante da carência do nosso coração pecaminoso e enganoso.
- Confiar que o pecado não precisa mais reinar sobre nós.
- Depender, momento após momento, da vida de Cristo sendo vivida em nós pelo Seu Espírito.
- Obedecer à Palavra de Deus, pelo poder de Cristo, para cumprir em nossa vida a vontade divina.

Na próxima lição, vamos estudar a dinâmica da mudança bíblica e permanente. A chave para essa mudança é uma vida de fé e arrependimento. Só assim é que teremos a "bagagem" necessária para enfrentar as tempestades da vida.

INSPECIONANDO A CONSTRUÇÃO

[?] Estude o gráfico "A atmosfera do seu lar". O que caracteriza o seu lar? Como trabalhar para ter um lar caracterizado mais pela graça do que pela desgraça?

_____
_____
_____
_____

ACABAMENTO

[?] Romanos 7 traça a experiência de alguém em meio às tempestades da vida, face a face com a própria incapacidade de dizer "não" ao pecado e "sim" a Deus. **Leia Romanos 7.15—8.4.** Qual o dilema do apóstolo? Qual a solução que ele mesmo apresenta diante desse dilema?

_____
_____
_____
_____

A ATMOSFERA DO SEU LAR

Graça no lar	Desgraça no lar
1. Afeição natural demonstrada por: • Toque físico. • Expressão facial. • Tom de voz gracioso.	1. Afeição condicional caracterizada por: • Ausência de toque físico. • Expressão facial de ira e condenação. • Tom de voz retratando a ira.
2. "Amamos e aceitamos você, mesmo não aprovando o que você fez... • ... baseados em quem você é." • Segurança no amor da família. • Aceitação por causa do relacionamento. • Participação da família pela posição como pessoa. • Tristeza pelo fracasso, sem medo de perder a posição como membro da família.	2. "Amamos e aceitamos você, por sua *performance*... • ... baseados no que você faz." • Insegurança, pela preocupação em agradar aos pais. • Aceitação por causa do desempenho. • Participação da família pela produtividade e perícia. • Rejeição pelo fracasso e medo de perder a posição como membro da família.
3. Atitudes e palavras positivas.	3. Atitudes e palavras negativas.
4. Estilo de vida representado pelo amor, pela misericórdia e pela graça de Deus.	4. Estilo de vida denotando a ira, o juízo e a condenação de Deus.
5. O fruto do Espírito é manifestado no lar: amor, alegria, paz, paciência, benignidade, bondade, fidelidade, amabilidade, domínio próprio.	5. O fruto da carne é manifestado no lar: ódio, discórdia, inveja, ira, ambição, facções, divisões, ciúmes, falta de domínio próprio.

LIÇÃO 4

Mudança verdadeira

> PRINCÍPIO DE CONSTRUÇÃO
>
> *Mudança verdadeira acontece quando nos arrependemos da miséria do nosso coração e vivemos pela dependência de Cristo.*

■ Objetivos do estudo

Como resultado deste estudo, os membros do grupo devem ser capazes de:

- Traçar os passos para uma mudança verdadeira, conforme a Bíblia apresenta.
- Identificar o que caracteriza um verdadeiro arrependimento.
- Decidir viver uma vida de dependência contínua da obra final de Cristo na cruz.

Sugestões didáticas:

Esta lição toca na essência da vida cristã — o significado de ser um crente em Jesus, o crescimento na graça e a realização de mudanças verdadeiras na vida. Estude-a com muito cuidado. Embora haja muitos detalhes e reflexões profundas, o ponto principal da lição é simples: todos nós precisamos estar cientes da pobreza do nosso coração e, momento após momento, depender da graça de Cristo.

TERRAPLENAGEM

O que mudou?

- **Material necessário:** Uma bandeja contendo 20 a 30 pequenos e diferentes objetos.

- **Procedimento:** Divida o grupo em dois times. Um representante de cada time virá à frente e observará a bandeja, tentando memorizar que objetos ela contém. Peça aos dois representantes que saiam da sala. Retire cinco objetos da bandeja. O representante do primeiro time volta e tenta identificar "o que mudou" na bandeja. Ganha um ponto por objeto identificado. Depois, o representante do outro time volta à sala e observa a bandeja, tentando identificar os objetos que dela foram retirados. A atividade pode continuar por algumas rodadas. Ganha o time que identificar o maior número de objetos que não estão mais na bandeja. Para fazer a transição para a aula, explique que o estudo destaca o processo de mudança bíblica. Algumas mudanças são óbvias, e outras, nem tanto. Mas Deus reconhece e valoriza toda mudança feita no poder de Cristo.

FIRMANDO ALICERCES

Compartilhem suas observações sobre o gráfico "A atmosfera do seu lar". Quais as áreas em que mais precisam melhorar? O que precisa mudar em cada família do grupo para que melhor possa exalar o bom perfume da graça de Deus? Orem uns pelos outros sobre essas áreas.

ERGUENDO PAREDES

Nesta lição, consideraremos o processo de mudança verdadeira, permanente e bíblica. O tema é fundamental para todos os estudos que se seguirão, pois trata de como nós viveremos o contexto das tempestades que teremos de enfrentar, e qual será a nossa reação a essa confrontação inevitável do nosso coração. Qual será a nossa resposta? Como evitar respostas e ajustes superficiais, comportamentais e temporários? Como realmente crescer, apesar dos ventos adversos?

1. Qual a resposta negativa que normalmente é dada quando as pessoas são confrontadas por crises que expõem seu coração — seu egoísmo, seu medo, suas mágoas, sua ira e cobiça?

Pelo nosso esforço, podemos mudar a nós mesmos? Não. Somente Deus pode promover mudança verdadeira e permanente, porque só Ele realmente conhece nosso coração.

2. O que os textos a seguir revelam sobre o processo de mudança que Deus realiza em nossa vida?

Jeremias 17.9,10

Salmo 139.23,24

Provérbios 20.5

3. Para que uma mudança verdadeira seja efetuada em nossa vida, precisamos saber o que Deus já conhece do nosso coração. **Leia Hebreus 4.12,13.** Qual o instrumento que o Senhor usa, nas mãos do Espírito Santo, para revelar o que vai em nosso coração?

_____
_____
_____

A Palavra de Deus é instrumento imprescindível nas mãos de Deus para que possamos discernir nossos pensamentos e motivos mais íntimos. Aquilo que fazemos com o que conhecemos sobre o nosso coração determina se estamos prontos para experimentar a transformação genuína ou se essa transformação será apenas aparente, fictícia. Existem dois passos principais no caminho da mudança verdadeira: arrependimento e fé.

Arrependimento

A Bíblia fala sobre o arrependimento como sendo muito mais do que uma simples tristeza, ou remorso que, muitas vezes, não passa de um lamento egocêntrico sobre circunstâncias e/ou consequências do pecado. A tristeza humana muitas vezes evidencia o "eu", e não Deus.

4. Como se caracteriza o arrependimento verdadeiro e bíblico? Examine os textos a seguir e compartilhe suas respostas:

[?] **2Coríntios 7.8-11** — Qual a diferença entre o arrependimento genuíno (o que Deus espera) e a tristeza denotada pelo homem?

_____
_____
_____
_____

? Salmo 51.1-4 — Qual é o foco do arrependimento que Deus espera encontrar no homem: as consequências do pecado ou o efeito no relacionamento com Deus?

_____
_____
_____

? Lucas 3.8-14; Atos 26.20 — Qual a prova visível de um arrependimento genuíno?

_____
_____
_____

A tristeza do mundo é temporária, circunstancial e superficial, enquanto o arrependimento que Deus quer ver no homem é profundo, sincero e produz mudança permanente. Depois de ele ter traído a Jesus, o arrependimento de Judas foi o remorso centrado no "eu". Ao contrário disso, o arrependimento de Pedro foi genuíno e centrado na forma como o seu pecado havia ferido o seu relacionamento com Jesus. O foco do arrependimento verdadeiro está no relacionamento do homem com Deus e manifesta-se pelas ações e pelo fruto do próprio arrependimento.

Podemos resumir o processo de arrependimento bíblico da seguinte maneira:

- VER — o pecado e a carência do próprio coração (v. Sl 51.1-3).
- DIZER — confessar, ou seja, falar com Deus a respeito do pecado cometido (v. 1Jo 1.9), que muitas vezes envolve tristeza e até "repulsa" a si mesmo (v. Ez 36.31; Sl 51.4; Rm 7.21-25).
- CORRER — do pecado; virar as costas para o pecado, colocando-se distante dele (v. 1Ts 1.9,10; Sl 51.17; Hb 4.15,16).
- SER TRANSFORMADO — permitir ser transformado por Deus, pelo Seu Espírito e pela Sua Palavra (v. 2Co 3.18).

As lições práticas que vêm a seguir, e que tratam de problemas na família, nos dão a oportunidade de exercitar essa sequência no processo de arrependimento, vendo e confessando nosso pecado, virando as costas para ele e correndo para Cristo em busca de uma transformação permanente, mesmo que a luta continue dia após dia.

Fé

O segundo passo no caminho da transformação verdadeira requer fé. De fato, a fé não é somente mais um "passo", mas é a chave de todo o processo. Para sermos realmente transformados, temos de crer não somente "em" Deus, mas crer que Deus é a resposta para nossos problemas, e que o que Ele diz é a verdade. A autora Beth Moore diz que temos de crer que Deus é quem Ele diz que é, que Ele pode fazer o que diz que pode fazer, e que eu sou quem Ele diz que eu sou.

5. Conforme os versículos a seguir, qual a importância da fé no processo de transformação?

Romanos 1.17

_____
_____
_____

Gálatas 2.20

_____
_____
_____

A fé na vida cristã envolve, momento após momento, a decisão de encarar o pecado e o desespero e escolher crer em Deus, em busca da transformação do coração.

Francis Schaeffer, filósofo e autor cristão, descreveu esse tipo de fé como "a mão de um mendigo": "Crer em Deus, não somente quando aceito Cristo como Salvador, mas a cada momento, um momento de cada vez. Esta é a vida cristã e a verdadeira espiritualidade".

6. As Escrituras Sagradas apresentam pelo menos duas maneiras de "crer": uma representa a verdadeira fé, e a outra, uma fé vazia. Observe a diferença nos textos a seguir:

Tiago 2.19

_____

_____

_____

Hebreus 11.1,3,6

_____

_____

_____

Note que os demônios creem, mas sua forma de "crer" não passa de um apanhado de informações, não chega a ser confiança. A fé genuína nos leva a crer em coisas invisíveis, na Palavra de Deus, na existência de Deus; a fé nos leva para além do "conhecer", para o "confiar".

Historicamente, os teólogos têm traçado uma diferença entre o "crer" intelectual e o "crer" espiritual. Para a salvação, o "crer" espiritual precisa passar por estes três passos:

1. Conhecer os fatos do evangelho.
2. Afirmar os fatos do evangelho (concordar com eles).
3. Confiar nos fatos do evangelho — em Cristo somente — para a própria salvação.

Muitos que se chamam "cristãos" dão os primeiros dois passos, mas nem por isso são verdadeiramente salvos. Só passando pelo terceiro passo — confiar por si mesmo —, pode-se dizer que se alcançou a salvação. E esse é o tipo de fé que inclui: abraçar o evangelho, depender de Deus, descansar nEle, lançar-se sobre Ele.

Como acontece na salvação, para atingir a verdadeira transformação de vida, é necessário desenvolver a confiança em Cristo, não a confiança em si mesmo, mas o humilde "lançar-se" sobre o Jesus crucificado e ressurreto. Na salvação, eu me torno um cristão de "uma vez para sempre" quando lanço, pela fé, todo o meu pecado sobre Cristo Jesus. Na santificação, vivo momento após momento, dia após dia, com as mãos vazias, esperando enchê-las com o poder de Cristo para viver a vida cristã.

Esse tipo de fé nos faz permanecer firmes em Cristo, apesar das circunstâncias negativas que temos de enfrentar. Esse tipo de fé não exige coisas de Deus (saúde, emprego, prosperidade, salvação de parentes, um casamento perfeito, filhos obedientes), pois não espera o que Deus não prometeu. Esse tipo de fé nos leva a continuar crendo, mesmo que Deus não acalme as tempestades, mesmo que Ele não resolva as crises, restaure os relacionamentos ou responda às perguntas.

7. Deus é sempre o objeto da verdadeira fé. É dEle o poder. Mesmo indo de fé em fé, o poder que experimentamos não é da nossa fé. Conforme o texto de Efésios 3.16,17, o que Deus faz por nós pela fé?

___

___

Pelo Espírito Santo, Deus nos fortalece com poder no nosso interior (coração) para que, pela nossa fé, Cristo habite em nós. Só então, teremos esperança diante de qualquer situação, não importando também quão terrível seja o nosso pecado. Nas tempestades da vida, a vitória não depende da nossa habilidade, de nenhum grande esforço pessoal, mas da Palavra e da vida de Cristo. Identificados com Ele em Sua morte e ressurreição, habitados por Ele e pelo Espírito Santo no coração, podemos crer (confiar) que Ele nos fará morrer para o pecado e viver para a justiça. O pecado não nos dominará. Somos vencedores, e não vítimas. Ele é a nossa suficiência em todas as tempestades. Usar de autossuficiência, esforço próprio, autodisciplina e autoconfiança não nos dará a vitória. Antes, mais cedo ou mais tarde, chegaremos ao fim de nós mesmos, exaustos, desanimados ou, pior, tomados de orgulho próprio.

Fé é o início, o meio e o fim do processo de salvação e santificação. Somente pela fé em Cristo, vamos enfrentar as tempestades da vida.

Vivendo pela fé

Nas linhas seguintes, sublinhe as frases que mais identificam sua necessidade no esforço de viver a vida pela fé:

> Pela fé, eu morro para os pecados em meu coração; mas, pela fé, vivo na verdade revelada na Escritura Sagrada:
>
>> Outrora eu vivia para mim mesmo, mas, pela fé, vou aprender a morrer para mim e viver para Cristo.
>> Antes eu tinha mágoas, mas agora vou perdoar.
>> Antes eu era orgulhoso, mas agora torno-me dependente e humilho-me.
>> Outrora eu temia os homens, mas, pela fé, passo a temer a Deus.
>> Anteriormente eu vivia para as riquezas deste mundo, mas agora quero viver para as riquezas espirituais.
>> Apesar do egocentrismo em que tenho vivido, viverei agora focalizado em Deus e nos outros.
>> Eu destruía as pessoas pelas palavras, mas agora, pela fé, quero edificá-las.
>> Mesmo tendo sido legalista e perfeccionista, agora, pela fé, viverei pela graça.

INSPECIONANDO A CONSTRUÇÃO

Complete o quadro "Nossa identidade em Cristo", preenchendo a coluna à direita com a declaração bíblica sobre a nova identidade em Jesus.

ACABAMENTO

Estude o texto de 2Coríntios 7.8-11. Prepare um gráfico que aliste as características da tristeza conforme o mundo e as características da tristeza segundo a vontade de Deus.

NOSSA IDENTIDADE EM CRISTO[1]

Descubra mais sobre sua identidade em Cristo Jesus, preenchendo o espaço com a descrição que cada texto faz do cristão. Use essa ficha para sua meditação e crescimento na graça.

Texto	Identidade em Cristo: "Eu sou..."
Rm 3.24	
Rm 6.7	
Rm 8.1	
Rm 8.2	
Rm 15.7	
1Co 1.2	
1Co 1.30	
1Co 15.22	
2Co 5.17	
2Co 5.21	
Gl 2.4	
Gl 3.28	
Gl 4.7	
Ef 1.3	
Ef 1.4	
Ef 1.7	
Ef 1.13	
Ef 2.6	
Cl 1.22	
Cl 2.10	

[1]Adaptado da apostila *Understanding spiritual growth*, Fellowship Baptist Church, Mt. Laurel, NJ, EUA, p. 29.

LIÇÃO 5

A renovação da mente

PRINCÍPIO DE CONSTRUÇÃO
Para experimentarmos uma mudança verdadeira, precisamos constantemente renovar a nossa mente com as verdades do evangelho.

Objetivos do estudo

Como resultado deste estudo, os membros do grupo devem ser capazes de:

- Entender a importância da renovação da mente no processo de mudança a que a Bíblia nos inspira.
- Perceber situações comuns que ameaçam impedir que o cristão mantenha sadio o pensamento.
- Saber como "pregar o evangelho" a si mesmo em meio às tempestades da vida.

Sugestões didáticas:

Esta será a última lição introdutória a respeito da obra que Deus quer fazer em nós em meio às tempestades. Seria uma boa hora para revisar o conteúdo das primeiras quatro lições deste caderno.

TERRAPLENAGEM

Jogo da memória

- MATERIAL NECESSÁRIO: 12 pares de objetos idênticos ou quase iguais e suficientemente pequenos para caber debaixo de um copo plástico (p. ex., palitos de dente; pedrinhas; carrinhos; dados; relógios; gravatas); 24 copos plásticos.

- PROCEDIMENTO: Antes que o grupo chegue, arrume os copos em bandejas, colocando-os de boca para baixo. Embaixo de cada copo, sem uma ordem determinada, coloque um dos objetos que serão usados nesse "jogo da memória". O grupo deve ser dividido em times de quatro pessoas. Na sua vez, cada time terá o direito de erguer dois copos, na tentativa de achar objetos iguais. Se acertar, pode prosseguir em suas tentativas, até errar. Ganha o time que encontrar mais pares. Esse quebra-gelo servirá como ponte para a lição, que tratará da renovação da mente.

FIRMANDO ALICERCES

Compartilhe as conclusões a que você chegou no exercício "Nossa identidade em Cristo". Das descrições que encontrou, o que mais marcou você?

ERGUENDO PAREDES

Alguns *experts* calculam que, num dia normal, 10 mil pensamentos passam pela cabeça humana. Ou seja, 3.500.000 reflexões por ano, ou quase 200 milhões na vida!

Quem declarou que somos aquilo que pensamos tinha toda a razão. Se é assim, quem é você?

Como temos estudado, a mudança pregada na Bíblia acontece de dentro para fora. Por isso, a Palavra de Deus ensina que a chave para essa mudança está dentro de nós, ou seja, ela começa com a renovação da nossa mente.

Sem simplificar demais e dizer que a santificação é uma questão meramente intelectual, temos de reconhecer que a manutenção de nossa vida espiritual começa na mente: *E não vos amoldeis ao esquema deste mundo, mas* SEDE TRANSFORMADOS PELA RENOVAÇÃO DA VOSSA MENTE, *para que experimenteis qual seja a boa, agradável e perfeita vontade de Deus* (Rm 12.2).

É preciso VER quem somos no espelho da Palavra de Deus e ao mesmo tempo RESPONDER ao que vemos. Temos de correr até a pessoa de Jesus, até Sua obra final na cruz e o poder da Sua ressurreição, para estarmos capacitados para vencer o mal. Precisamos nos arrepender do pecado e crer na suficiência de Cristo, lançando-nos sobre Ele, e somente sobre Ele. A renovação da mente é nada mais, nada menos, do que pregar o evangelho a nós mesmos!

Para crescer em Cristo, é preciso uma renovação constante dos 10 mil pensamentos que circulam em nosso cérebro. É preciso limpar os filtros da nossa mente.

O que é a renovação da mente?

É bom esclarecer o que NÃO constitui renovação da mente no processo de crescimento espiritual. A renovação da mente não é uma experiência emocional, mística ou esotérica. Não é algo instantâneo. Seria muito mais fácil se fosse um processo tipo "micro-ondas", ou algo que pudéssemos chamar de "café solúvel espiritual"!

A Bíblia desconhece espiritualidade instantânea. Conhece, sim, uma batalha em meio à guerra espiritual que exige vigilância dia após dia, momento após momento. Conhece a dependência de Cristo, a humildade, o andar no Espírito na presença de Deus. Isso talvez gere frustração, se estamos esperando um milagre instantâneo. Deus, porém, sabe que precisamos muito mais da constante dependência dEle, por meio da qual levamos *cativo todo pensamento para que obedeça a Cristo* (cf. 2Co 10.4,5). Deus é mais glorificado em nós pelo PROCESSO da renovação da mente, ensinada pela Bíblia, do que por atos "milagrosos e místicos" que, supostamente, levam a uma espiritualidade instantânea!

Renovação da mente refere-se ao processo interior de autoavaliação, de **DIÁLOGO PESSOAL COM A PALAVRA**, diálogo consigo mesmo, dirigido pelo Espírito Santo, pelo qual a verdade da Palavra de Deus é aplicada ao próprio indivíduo. Com base na Bíblia, precisamos fazer um aconselhamento pessoal a fim de sermos refeitos pela Palavra (v. 2Co 5.17; 3.18).

1. **Leia Efésios 4.17-24.** Quais os passos principais para a mudança ensinada na Bíblia (v. 22-24)? Desses, qual é o passo central? Qual a importância da renovação da mente nesse processo?

   _____
   _____

A renovação da mente liga duas verdades bíblicas: a nossa morte com Cristo (a morte do pecado) e a nossa nova vida vestida com a justiça de Cristo (2Co 5.21). Em uma comparação interessante, podemos imaginar a renovação da mente como o recheio de um "sanduíche espiritual" que tem o "despojar" e o "revestir" como os "pães". Assim entendemos que a renovação da mente é o passo em que "pregamos o evangelho" para nós mesmos — não para a salvação, mas para a santificação e renovação de vida. É um ato contínuo, um ensaio, uma reflexão, ruminação, cogitação, avaliação, em que à vida diária são aplicadas verdades espirituais e invisíveis.

A mudança que a Bíblia ensina se inicia na mente. A vitória sobre o pecado começa na mente. A vitória sobre a depressão começa na mente. A vitória sobre a dúvida começa na mente. A vitória sobre a culpa começa na mente. (É interessante notar que, na língua original do Novo Testamento, a palavra "arrependimento" significa literalmente "mudança de ideia", ou "mudança da mente".)

2. **Leia Efésios 4.25-32.** Nesse texto, Paulo dá exemplos práticos de como o processo de mudança a que a Bíblia nos induz, visto nos versículos 22 a 24, funciona na vida real: o despir do velho homem, o renovar no espírito da mente, o revestir do novo homem. Estude o gráfico a seguir, prestando atenção à estrutura desse texto. Dê especial atenção à última coluna, que apresenta as verdades pelas quais devemos renovar nossa mente e observar as proibições e os mandamentos mencionados nas outras colunas. Procure explicar como a compreensão da razão (última coluna) ajuda a obedecer àquilo que nos é dado como mandamentos na Bíblia (colunas 2 e 3).

Texto / citação	Proibição (negativo: DESPIR)	Mandamento (positivo: REVESTIR)	Razão/propósito (RENOVAR)
(v. 25) (Zc 8.16)	... abandonai a mentira... (parar de mentir)	... fale a verdade...	Somos membros uns dos outros (a mentira destrói o corpo de Cristo).
(v. 26,27) (Sl 4.4)	... não pequeis... (parar de pecar)	... não conserveis a vossa raiva... (resolver a ira)	A ira abre brecha para o diabo.
(v. 28)	... não roube mais...	... trabalhe, [...] para que tenha o que repartir...	Em vez de prejudicar um irmão, devemos ajudá-lo.
(v. 29,30)	Não saia da vossa boca nenhuma palavra que cause destruição...	Fale [...] para a necessária edificação...	Pelas palavras, transmitiremos graça; não entristeceremos o Espírito, que cria unidade no corpo de Cristo.
(v. 31,32)	Toda amargura, cólera, ira, gritaria e blasfêmia [...] maldade.	... perdoando uns aos outros...	Deus em Cristo nos perdoou (cf. Mt 6.12-15).

Quem precisa renovar a mente

A renovação da mente em meio às tempestades da vida não é opcional. Representa a chave do processo da mudança recomendada pela Bíblia. À luz das Escrituras, quem precisa renovar a mente? Veremos alguns desses grupos de pessoas e como a renovação da mente foi absolutamente essencial enquanto elas passavam por crises das mais variadas. Quem precisa renovar a mente? Aqueles que passam por tempestades em sua família, aqueles que lutam com a dúvida, aqueles que lutam para vencer o pecado. Resumindo: TODOS NÓS!

Os que sofrem em sua família

3. **Leia Gênesis 50.20.** A história de José, que começa em Gênesis 37, ilustra a tragédia de uma família dividida, envolta em ciúme, favoritismo, crueldade, intrigas e grande sofrimento para todos. Note, porém, como José conseguiu olhar para trás e ver a mão de Deus, mesmo em circunstâncias ruins. Com que verdades José deve ter renovado sua mente ao longo dos muitos anos em que foi injustiçado pelos irmãos e pela vida?

_____

_____

_____

_____

Uma observação interessante e importante sobre a história de José envolve os sonhos que o acompanhavam (e que ele interpretava) ao longo de sua vida. Naquela época, em que a Palavra de Deus ainda não havia sido escrita, muitas vezes a revelação divina vinha por meio de sonhos. Por duas vezes, Deus revelou a José sonhos a respeito de sua futura posição como chefe sobre seus irmãos e seus pais, fato que desencadeou o ciúme em seus irmãos e o seu cativeiro no Egito. Note, entretanto, em Gênesis 41.32, o que José declarou ao faraó ao interpretar o sonho duplo do rei: *O sonho veio ao faraó duas vezes, porque isso foi determinado por Deus, e ele em breve o fará.*

Quando lembramos que o sonho de José também lhe veio por duas vezes (v. Gn 37.5-11), entendemos que, mesmo maltratado pela família e pelas circunstâncias, José nunca deixou de "renovar sua mente" com a verdade que lhe foi revelada por Deus. Que testemunho de constância e confiança em meio às tempestades da vida!

Os que passam por dúvidas

4. Leia Mateus 11.1-6. Qual foi a "crise" de João Batista relatada pelo evangelista? Como Jesus respondeu a suas dúvidas? Quais os textos que Jesus citou na resposta que deu à pergunta de João (v. Is 35.4-6; 61.1). Que lições sobre como enfrentar as dúvidas, podemos tirar desse relato?

_____
_____
_____
_____

João Batista, identificado como o maior entre os nascidos de mulher (cf. Mt 11.11), até aquele momento na história, passava pelo vale da sombra de dúvida sobre a identidade de Jesus. Enquanto esperava a morte iminente na cadeia de Herodes, expressou essa dúvida sobre a identidade daquele que, de maneira tão fiel, ele havia anunciado. Curiosamente, Jesus não respondeu à sua pergunta de maneira direta. Fez algo mais importante: fez com que João renovasse sua mente conforme as Escrituras!

A resposta de Jesus foi uma citação dos textos de Isaías 35.5,6 e 61.1, profecias sobre o ministério do Messias, e textos muito bem conhecidos por João (a profecia do ministério de João fora dada em Isaías 40.1ss). Notável no contexto de Isaías 35.5,6 é o versículo anterior: *Dizei aos aflitos de coração: Sede fortes, não temais; o vosso Deus virá com vingança; sim, ele virá com divina recompensa e vos salvará.* Como esse texto teria animado o coração do profeta desiludido! Como precisamos renovar nossa mente com as verdades básicas do evangelho nas horas escuras da dúvida!

Os que lutam para vencer o pecado

5. Leia Romanos 6.11-14. No texto, vemos os mesmos passos de mudança que encontramos em Efésios 4.22-24: despir, renovar, revestir, só que com palavras diferentes. Quais os termos usados no texto para descrever cada um desses passos? Quais as verdades que aprendemos, nesse texto, sobre a luta contra o pecado?

_____

_____

_____

_____

O único caminho para a vitória verdadeira é a renovação da mente. O cristão precisa "considerar" (cf. Rm 6.11, verbo que traz a ideia de avaliação mental contínua) os fatos objetivos da obra de Jesus: morremos para o pecado, vivemos para Deus, o pecado não mais reina sobre nós, e devemos entregar nosso corpo para uso exclusivo de Deus!

O mundo ao nosso redor tenta nos forçar para que nos conformemos ao seu molde, mas a renovação sobre a verdade em Cristo nos libertará. Jesus prometeu: *e conhecereis a verdade, e a verdade vos libertará* (Jo 8.32). Uma aplicação bem prática desse princípio tem a ver com a tentação sexual que tanto nos assola nos dias atuais. Se existe uma cura para aqueles que são dominados por vícios e desvios sexuais (pensamentos imorais, pornografia, homossexualidade etc.), está em uma mente refeita, reprogramada, cheia da Palavra de Deus, do conhecimento da sua identidade em Cristo Jesus.

Como posso renovar minha mente?

Agora que estabelecemos a importância da renovação da mente, vamos considerar algumas sugestões práticas pelas quais podemos "reprogramar" nossos pensamentos, especialmente em meio às dificuldades e tempestades da vida.

1. *Praticar as disciplinas da vida cristã* — Encher a mente todos os dias e o dia todo com a Palavra de Deus (1Pe 2.2) (v. pergunta 6 a seguir).

2. *Filtrar o que entra na cabeça!* — Este princípio é particularmente válido na área do entretenimento (Jó 31.1; Sl 101; Pv 4.23; Mt 6.22,23; Fp 4.8; Cl 3.1,2).

3. *Não atender aos desejos da carne* (v. Rm 13.14):

    a. Tomar passos concretos para "seguir a santificação" (Hb 12.14): desviar os olhos do que não presta, fugir da tentação, desligar a TV, colocar filtros de conteúdo indesejado no computador etc.

    b. Recrutar ajuda: grupos pequenos de compartilhamento e oração, aconselhamento, confissão de pecado (v. Tg 5.16), e filiar-se como membro de uma igreja local (cf. Hb 10.24,25).

4. *Começar e terminar o dia em oração e reflexão sobre sua identidade e posição em Cristo* (Sl 1.1,2).

5. *Quando for tomado de dúvidas e desânimo, aconselhar a si mesmo sobre o que sabe ser verdadeiro a respeito de Deus e sua posição em Cristo.* **LEIA ROMANOS 8!**

6. Ao longo da história, os cristãos têm usado "disciplinas" (entenda-se: incentivos, meios, hábitos) visando ao próprio crescimento na graça e no conhecimento de Jesus. Veja a lista a seguir, que resume muitas dessas "disciplinas da vida cristã". Quais delas você já praticou? Quais as que você gostaria de experimentar? Tome cuidado para não transformar esses hábitos de vida espiritual em "afazeres religiosos". Ninguém consegue praticar todas essas disciplinas, e há grande perigo em usá-las como forma de atingir a graça do Senhor em vez de meios para o cultivo da comunhão com Deus.[1]

---

[1] Veja FOSTER, Richard. *Celebração da disciplina.* São Paulo: Editora Vida, 2007. ORTBERG, John. *A vida que você sempre quis.* São Paulo: Editora Vida, 2003.

Disciplinas da vida cristã

- Hora silenciosa
- Estudo bíblico
- Memorização de textos bíblicos
- Meditação
- Solitude/silêncio e retiros espirituais
- Jejum
- Oração
- Confissão e arrependimento
- Celebração/adoração
- Comunhão/culto congregacional
- Simplicidade
- Serviço/humildade
- Período sabático
- Diário (jornal pessoal espiritual)
- Prática do perdão
- Testemunho (evangelização)
- Culto doméstico
- Oração com o cônjuge

INSPECIONANDO A CONSTRUÇÃO

Leia a seção a seguir, "Romanos 8 e a renovação da mente".

ACABAMENTO

Estude o Salmo 101, pensando na sua aplicação aos padrões de entretenimento no lar. À luz desse salmo, o que deve mudar em termos de entretenimento em sua família?

ROMANOS 8 E A RENOVAÇÃO DA MENTE

Na sequência do livro de Romanos, o capítulo 8 parece ser o ponto alto. Ele resume a posição do cristão em Cristo. Alguns consideram esse capítulo a expressão mais elegante e sublime da revelação cristã.

Leia o capítulo todo e depois leia cuidadosamente o seguinte resumo dos benefícios que o cristão tem em Cristo. Medite sobre cada um desses elementos. À luz do desenvolvimento lógico do livro de Romanos, podemos entender o capítulo 8 como a "matéria-prima" para a renovação da mente, de maneira especial pelo fato de o conteúdo desse capítulo vir entre a orientação de Romanos 6.11-14 (... *considerai-vos mortos para o pecado, mas vivos para Deus...*) e o conselho de Romanos 12.2 (... *sede transformados pela renovação da vossa mente...*).

Quando as tempestades da vida parecerem estar além do poder de enfrentá-las, medite nestas verdades eternas!

A posição do cristão em Cristo

Um estudo em Romanos 8

- Não há nenhuma condenação para aqueles que estão em Cristo (8.1; cf. 33,34). Não se paga pelo mesmo crime duas vezes.
- Somos livres para não pecar (8.2; 6.11-14). Jesus é a nossa suficiência.
- Temos uma nova perspectiva (uma nova mente), voltada para a vida, e não para a morte (8.5-7).
- Podemos agradar a Deus, apesar de as nossas justiças serem como *trapo da imundícia* (cf. Is 64.6), que vestíamos quando estávamos sob o domínio da carne (8.8-10).

- Temos esperança (certeza) da ressurreição (8.11).
- Somos filhos amados, herdeiros de Deus, nosso "Aba" (papai) (8.12-17).
- O sofrimento não é nada em comparação com a glória que vamos experimentar (8.18).
- Temos esperança da redenção final do nosso corpo e do livramento dos "gemidos" desta vida (8.19-25).
- O Espírito intercede por nós conforme a vontade de Deus (8.26,27).
- Deus faz com que tudo (inclusive o sofrimento) coopere para o bem daqueles que O amam, para que sejamos conformados à imagem de Cristo (8.28,29).
- Deus é POR NÓS (8.31).
- Deus não poupará NADA que for necessário para o nosso bem, pois não poupou nem o próprio Filho por nós (8.32).
- As acusações do diabo nada valem contra nós (8.33,34; v. Ap 12.10; Hb 7.25).
- Nada poderá nos separar do amor de Cristo (8.35-39).

PARTE II

Enfrentando
as tempestades no lar

LIÇÃO 6

Maus hábitos — Adaptações no casamento

> Princípio de construção
> Humildade e amor cobrem uma multidão de pecados e levam ao "outrocentrismo", que fortalece o lar.

■ Objetivos do estudo

Como resultado deste estudo, os membros do grupo devem ser capazes de:

- Identificar alguns maus hábitos que podem provocar a revolta do cônjuge.
- Descobrir problemas associados a maus hábitos decorrentes da idolatria do "eu".
- Distinguir entre as situações que exigem um confronto em amor e aquelas em que o amor deve cobrir a ofensa.

Sugestões didáticas:

1. Se optar por fazer a terraplenagem sobre maus hábitos, tome cuidado para não perder o controle do tempo e para que o espírito da atividade seja construtivo, e não negativo.

2. Não deixe que o grupo se perca em uma discussão sobre hábitos específicos que causam frustração no lar. Procure a raiz desses problemas e sugira como tratá-los.

3. Pense na possibilidade de fazer, com alguns voluntários, uma dramatização de "maus hábitos no lar". Ou escolha projetar parte de um filme ou videoclipe que passe a mesma ideia.

TERRAPLENAGEM

Maus hábitos

- **PROCEDIMENTO**: Divida o grupo em dois: homens e mulheres. Cada grupo terá cinco minutos para fazer uma "tempestade cerebral", listando maus hábitos praticados pelos cônjuges: as mulheres, sobre as práticas do marido; os homens, sobre as práticas da esposa. (Cuidado para não surgirem ideias inconvenientes!) Dado o sinal, cada grupo deve escolher os cinco hábitos mais desgastantes e comuns, que atrapalham o relacionamento conjugal ou contrariam o cônjuge.

  Quando os dois grupos tiverem suas listas prontas, diga que devem, agora, tentar adivinhar quais os cinco hábitos mais irritantes listados pelo OUTRO grupo. Ganha a equipe que conseguir identificar o maior número de itens listados pelo outro grupo.

FIRMANDO ALICERCES

Compartilhe com o grupo o versículo que mais o encorajou quando cumpriu a tarefa sugerida sobre "Romanos 8 e a renovação da mente".

ERGUENDO PAREDES

Depois das primeiras lições fundamentais, em que estudamos a condição do coração sem Cristo, a graça de Deus revelada em Cristo e o processo de arrependimento e fé (dependência de Cristo), embarcamos em uma viagem que atravessa mares turbulentos. Enfrentaremos algumas tempestades comuns que afligem muitas famílias. Não procuraremos encontrar soluções rápidas ou fáceis, mas recursos genuínos e permanentes, que mostram o caminho para compreender o coração e buscar a solução em Cristo. Espera-se, a esta altura, que cada membro do grupo esteja mais disposto a encarar não somente o egoísmo e o pecado do seu coração, mas a graça disponível em Cristo.

À primeira vista, "maus hábitos" na família, especialmente os desgastes causados entre marido e esposa nos primeiros anos do casamento, não parecem representar uma grande tempestade. Muito ao contrário. Em uma pesquisa recente entre casais brasileiros, os "maus hábitos" foram citados como a maior causa de dificuldade conjugal, acima de problemas de comunicação, finanças, sexo, criação dos filhos, parentes e outros! Sabemos que, no dia a dia, essas "pequenas irritações" podem desgastar um relacionamento. Mas por quê?

Os maus hábitos podem ser tratados em dois níveis:

1. **Informação:** Quais as coisas que provocam desgaste entre marido e esposa, e que muitas vezes revelam egoísmo e insensibilidade entre eles? Sabendo a resposta para essa pergunta, aqueles que realmente querem servir ao cônjuge podem buscar mudanças de hábito e assim resolver o problema.

2. **Coração:** O fato é que, na maioria dos casos, informação não é suficiente. O problema é maior; está dentro do coração. Uma vida vivida pela graça de Jesus nos influenciará de duas maneiras:

   a. *... o amor cobre um grande número de pecados* (1Pe 4.8). Se nos tornarmos mais tolerantes e menos exigentes, estaremos mais dispostos a perdoar os maus hábitos do nosso cônjuge.

   b. Quando confrontados com os nossos maus hábitos, revelaremos maior disposição em reconhecer o próprio erro e admitir o egoísmo; com humildade e na dependência de Deus, conseguiremos passar por mudanças, mesmo em áreas que julgamos "inofensivas". Somente uma pessoa segura em sua posição garantida em Cristo e conhecedora da corrupção do próprio coração será capaz de encarar críticas e confrontos sem máscaras, autodefesa e desculpas.

Com essa perspectiva inicial, passaremos a considerar a questão dos maus hábitos no casamento e os ajustes que eles requerem.

1. Você já sabe de conflitos sérios entre algum casal, provocados por uma situação "tola" (por exemplo, maus hábitos)? Que problema deu início a esse conflito? O que essa questão inicial revelou sobre o coração das pessoas envolvidas?

2. Como as pessoas costumam responder quando são confrontadas pelo cônjuge sobre um hábito que este considera desgastante?

É impressionante como as pessoas resistem à mudança. Em vez de reconhecerem áreas de sua vida que precisam passar por transformação de atitudes, preferem deixar que dessas áreas desencadeie uma discussão, um desentendimento. Ao serem confrontadas, em vez de responderem com humildade, as pessoas se defendem, racionalizam, atacam, justificam-se ou se mostram contrariadas; algumas admitem o problema, mas não mudam a sua atitude; outras ouvem humildemente a crítica e, apenas por um tempo, parecem ter mudado; poucas passam por uma permanente mudança.

3. **Leia Mateus 7.1-5.** Por que as pessoas normalmente são tão prontas para apontar os defeitos dos outros, mas não conseguem enxergar os próprios defeitos?

4. Quando for necessário, de que maneira devemos apontar um defeito de um membro da nossa família, seja um pecado, seja somente um mau hábito? **Leia Gálatas 6.1-3.**

É sempre difícil confrontar qualquer erro. Especialmente quando ele é praticado de forma arrogante por alguém da família. Antes de confrontar alguém por um erro, é necessário manter um espírito humilde, examinando a própria vida. Um erro deve ser apontado sempre com brandura e paciência, oferecendo-se ajuda àquele que errou, levando-o a corrigir o que for necessário.

5. Leia 1Pedro 4.8 e compare com Mateus 18.15.

[?] Como esses textos se aplicam à questão de ajustes no casamento e na prática de maus hábitos?

[?] Todos os desgastes no casamento devem ser "varridos para debaixo do tapete", esquecidos? Quando esses erros devem ser confrontados?

(?) Como saber quando confrontar um erro e quando permanecer em silêncio, mesmo tendo constatado esse erro?

_____
_____
_____

O amor está sempre disposto a perdoar e a esquecer ofensas, mas também exige que o "pecador" seja confrontado, para o bem dele próprio. Em questões que julgamos "inofensivas", que não envolvem pecado, o amor pode ignorá-las ou confrontá-las. Novamente: o bem do ofensor e a preservação do relacionamento devem estar em vista. É preciso muita sabedoria para discernir a diferença entre o confronto e o esquecimento. E sempre é preciso escolher a melhor hora para um confronto.

6. Leia cada sugestão que se segue sobre como confrontar/criticar o cônjuge, e verifique o que diz cada texto bíblico ali indicado. Compartilhe suas ideias de como praticar a sugestão de forma sábia no relacionamento conjugal.

Escolher bem a hora de fazer a crítica/confrontação (Pv 25.11)

_____
_____

Escolher bem a maneira de apontar o assunto (Pv 27.15)

_____
_____

Saber discernir quando é melhor NÃO falar (1Pe 3.1-6)

_____
_____

7. No casamento e na família, quais as evidências de que é o "eu" que está reinando no coração dos seus membros, e não Deus?

_____

_____

_____

No meu lar, sempre que respondo negativamente, estou agindo na carne. A vida de Cristo em mim considera o outro superior a mim mesmo (v. Fp 2.3-8). E, quando adoto uma atitude defensiva, mostro que vivo para mim mesmo, e não para Cristo.

À luz do que já estudamos acerca dos ídolos do coração, o "eu" parece ser o ídolo-mor no coração indisposto a encarar sua carência e seus defeitos, mas muito disposto a apontar os defeitos dos outros.

8. E se um membro da família está disposto a perdoar as ofensas do outro e ao mesmo tempo mudar os seus maus hábitos, quando o outro não mostra essa disposição? **Leia 1Pedro 3.1,2.** O que fazer?

_____

_____

_____

Pedro sugere que o comportamento manso e humilde pode, sim, mudar o outro. Este nunca deve ser o MOTIVO da vida de Cristo em nós, mas um subproduto dessa vida. Nosso motivo deve ser sempre a glória de Deus, à medida que a imagem de Cristo é reproduzida em nós. Nesses casos, o cristão deve permanecer fazendo o bem, mesmo que o outro nunca mude.

Conclusão

Como resultado desta lição, talvez você já tenha descoberto um ou outro mau hábito que costuma praticar ou um aborrecimento que costuma provocar na vida do seu cônjuge. E agora? Uma resposta seria procurar fazer algumas mudanças imediatas para melhorar seu casamento. Mas, e se o casamento não melhorar? Se o seu cônjuge não perceber as mudanças pelas quais você tentou passar? Quanto tempo você conseguirá mantê-las pela própria força?

_____
_____
_____
_____

Uma resposta melhor, e muito mais profunda, seria começar a identificar o egoísmo que talvez reine em seu coração.

Deus gostaria que cada um de nós identificasse o monstro chamado "eu" que se assenta no trono da nossa vida; que nos arrependêssemos e confessássemos o nosso pecado, apegando-nos à graça de Cristo, que nos capacita para perseverar em uma vida de amor e renúncia.

Busque em Cristo a força para viver, momento após momento, uma vida centrada nos outros, e não em si mesmo.

INSPECIONANDO A CONSTRUÇÃO

Leia "Exemplos práticos da vida de Jesus em nós", a seguir. Estude essas ideias que podem representar a vida "outrocêntrica" de Jesus sendo vivida por meio de nós em vários contextos. Acrescente outras sugestões a essa lista. Assinale aquelas que representam uma área que se tenha tornado um desafio para você, lembrando-se sempre das palavras de Jesus em João 15.5: ... *sem mim nada podeis fazer*.

ACABAMENTO

Leia 1Coríntios 4.1-5. Por que o julgamento humano muitas vezes é falho? Por que é difícil julgar até o próprio coração?

_____
_____
_____
_____

EXEMPLOS PRÁTICOS DA VIDA DE JESUS EM NÓS (Mc 10.45; Fp 2.5-8)

"Em seu lugar, o que faria Jesus?"

Apresentamos aqui algumas áreas em que a vida de Cristo em nós pode levar a atitudes que, ao contrário de hábitos egoístas que desagradam e causam conflitos no lar, tornam-se bênçãos para aqueles que estão à nossa volta. Estude a lista e verifique se há práticas que precisam ser mudadas em suas atitudes no lar, na igreja e na sociedade.

Em casa:

- Trocar o rolo de papel higiênico quando este acabar;
- Substituir água, leite ou suco, em vez de guardar a jarra quase vazia na geladeira;
- Tirar a mesa e/ou lavar a louça;
- Guardar as roupas sujas no lugar devido, e não no chão;
- Buscar pão e leite ou fazer as compras no supermercado;
- Levar o lixo para fora;
- Limpar o depósito/garagem/armário;
- Limpar a pia depois de fazer a barba;
- Trocar lâmpadas, fazer pequenos consertos;
- Passar aspirador na casa;
- Arrumar a cama.

Com o cônjuge:

- Ajudar a pôr as crianças para dormir e/ou levantar para cuidar de uma criança no meio da noite;
- Encher o tanque do carro para que a esposa não tenha de fazer isso;
- Fazer massagens;
- Sugerir uma visita à casa dos sogros;
- Avisar quando for chegar atrasado(a);

- Fazer as coisas pequenas que expressam amor (flores, cartões, chocolate, atos de serviço, jantar fora etc.);
- Tratar o "ronco";
- Não deixar que a esposa precise fazer compras em lojas/oficinas em que ela se sinta desconfortável;
- Ter a disposição de perguntar "Em que posso ajudar?", em vez de servir como você pensa ser melhor;
- OUVIR o outro falar sobre coisas que interessam a ele, mesmo que não sejam do seu principal interesse.

Na família:

- Levantar para atender o telefone em vez de gritar pedindo que alguém o atenda;
- Abrir mão do controle remoto ou do SEU programa predileto, em favor do programa preferido pelos outros familiares;
- Deixar que outro use o banheiro antes de você; não tomar banhos demorados quando outros esperam para também tomar banho;
- Antes de reclamar sobre suas dores, procurar saber como estão passando os outros membros da família;
- Deixar a melhor poltrona para que outra pessoa possa usá-la;
- Lembrar-se dos aniversários e de outras datas especiais para a família;
- Deixar para outra pessoa o maior/melhor pedaço do prato, mesmo que seja esse o seu prato predileto.

Na igreja:

- Esperar no FINAL da fila da cantina em vez de correr para ser atendido logo;
- Obedecer às diretrizes de quem trabalha no estacionamento;
- Catar o lixo que estiver no chão do banheiro e/ou compactar o que está saindo da cesta;
- Cumprimentar visitantes e pessoas desconhecidas em vez de conversar só com os amigos;

- Vigiar o comportamento dos filhos, para que eles não prejudiquem os outros;
- Ser pontual, para não atrapalhar o culto;
- Evitar muita conversa, agitação e distração durante o culto.

Na sociedade:

- Sem reclamar, deixar que outro motorista entre na sua frente, na faixa em que você está (dirigir como cristão!);
- Jogar o lixo em uma lixeira e recolher o lixo quando for necessário;
- Devolver o carrinho do supermercado ao lugar próprio.

LIÇÃO 7

Lidando com parentes

> Princípio de construção
>
> *O relacionamento conjugal toma precedência sobre todos os outros relacionamentos familiares.*

■ Objetivos do estudo

Como resultado deste estudo, os membros do grupo devem ser capazes de:

- Identificar alguns dos problemas enfrentados com parentes que atrapalham a unidade conjugal.
- Entender o ensino bíblico sobre a centralidade do relacionamento marido—esposa.
- Descobrir o equilíbrio entre honrar os pais e proteger a santidade da união conjugal.

Sugestões didáticas:

Nesta lição, há muitas questões polêmicas e pontos em que será difícil chegar a uma conclusão. Não se preocupe com isso. O mais importante é que as pessoas lidem com os princípios bíblicos e entendam a importância de encontrar o equilíbrio entre os mandamentos "deixar pai e mãe" e "honrar os pais".

Seja sensível e mantenha as discussões em nível de amizade. Algumas pessoas talvez se sintam ameaçadas pelas discussões provocadas no estudo desta lição.

Para ganhar tempo, pense na possibilidade de dividir o grupo em grupos menores para facilitar o debate das situações expostas nas perguntas 3 e 6. Cada grupo pequeno pode discutir uma situação e resumir sua resposta diante do grupo maior.

Os "estudos de caso" apresentados no "Acabamento" podem oferecer mais combustível para a discussão se o grupo quiser lidar com outras situações práticas e comuns.

Terraplenagem

Jogo da velha

- Procedimento: Disponha nove cadeiras (três fileiras em três colunas de cadeiras) e escolha nove membros do grupo para ocupar essas cadeiras. Cada cadeira representa um "quadrado" no "jogo da velha".

  O restante do grupo se dividirá em dois times. Cada time escolherá ser o "X" ou o "0" no jogo. Um "capitão" de cada time dará as respostas da sua equipe. O líder deve elaborar uma lista de pelo menos nove questões para serem respondidas pelas pessoas sentadas nas cadeiras.

  O primeiro time deve selecionar uma dessas pessoas que compõem o "jogo da velha". A primeira pergunta é lida pelo líder. A pessoa na cadeira indicada deve dar alguma resposta à pergunta. A resposta pode estar correta ou não (de propósito, pode ser dada uma resposta errada). O capitão deve representar seu time, dizendo se concorda ou não com a resposta dada. Se a resposta estiver certa, a pessoa ganha um "X" ou um "0" (conforme deve ter sido combinado), e a vez no jogo passa para o outro time, que tenta ganhar um "X" ou um "0". Ganha o time que conseguir fechar o "jogo da velha".

FIRMANDO ALICERCES

Observe outra vez a lista de ideias práticas de como a vida "outrocêntrica" de Jesus pode manifestar-se no lar, na igreja e na sociedade. Quais os itens que mais chamaram a sua atenção? Você consegue pensar em outras aplicações práticas desse princípio?

ERGUENDO PAREDES

Para muitas famílias, as dificuldades com os parentes, especialmente com os sogros, não são uma piada, mas uma realidade dolorosa. Neste estudo, voltaremos nossa atenção para essa tempestade e o que há por trás de problemas com os parentes.

1. Quais são alguns tipos de problemas que os casais enfrentam com parentes?

A variedade de possíveis problemas no contexto familiar é quase ilimitada. Como a família é formada de pessoas pecadoras que vivem sob o mesmo teto, é inevitável que uns machuquem os outros. Enfrentamos problemas na criação dos filhos, no relacionamento com os sogros e com os próprios pais, conflito conjugal, disputas sobre heranças, lealdade dividida, interferência de terceiros no casamento, falta de privacidade, conflitos sobre tradições familiares, dificuldade no cuidado de pais idosos, conflitos sobre feriados e férias, dívidas e discordância sobre finanças, desencontros sexuais, parentes não crentes, filhos rebeldes, pecado sexual e muito mais.

2. **Leia Gênesis 2.24** (texto citado em Mt 19.5; Mc 10.7; Ef 5.31). O que esse texto ensina sobre a santidade (e prioridade) do relacionamento marido—esposa? Por que você acha que esse princípio é repetido QUATRO vezes nas Escrituras?

_____

_____

_____

Deus estabelece a prioridade absoluta do relacionamento conjugal. A primeira responsabilidade do casal é proteger o relacionamento a dois. Não pode admitir interferência, lealdade dividida ou dependência de terceiros, especialmente dos pais. O casal representa uma nova unidade familiar, distinta, autônoma, santa. O princípio se repete muitas vezes, refletindo sua importância diante de Deus.

Em outro livro desta série, *15 lições para transformar seu casamento*, estudamos as implicações de Gênesis 2.24. Descobrimos que cada frase do versículo reforça a prioridade do relacionamento conjugal:

Deixará seu pai e sua mãe	=	Exclusividade do relacionamento conjugal.
E se unirá à sua mulher	=	Fidelidade do casal ao pacto matrimonial.
E eles serão uma só carne	=	Intimidade do casal como selo da aliança.

Cada casal, por si só, constitui um reflexo da glória e *imagem de Deus* (cf. Gn 1.27). Esse reflexo não admite terceiros, que atrapalham a imagem de Deus no espelho do casal.

3. Até que ponto o casal pode (ou deve) manter (ou cortar) vínculos com seus pais? Pense em termos de situações específicas:

- Morar com os pais?
- Aceitar ajuda financeira dos pais?
- Abrigar-se na casa dos pais?
- "Contar tudo" para os pais?
- Trabalhar com os pais?
- Ouvir reclamações dos pais contra o cônjuge, ou vice-versa?

Para essas perguntas, não é simples encontrar respostas. O importante é reconhecer a idoneidade do relacionamento conjugal. É preferível que o casal seja financeira, emocional, social e fisicamente independente. Certamente há casos excepcionais e difíceis, mas cada casal deve zelar para alcançar essa independência. Desde que o princípio de proteção da integridade e santidade do relacionamento a dois seja protegido, há espaço para lidar com as exceções — cada caso é um caso.

Podemos sugerir um princípio, que serve como "filtro" para avaliar o envolvimento de parentes no casamento: Qualquer coisa que diminui os laços de união matrimonial é inimiga do casamento!

4. **Leia Provérbios 29.25.** O temor dos homens (ou dos pais!) pode ser um "ídolo do coração" que toma precedência sobre as ordens de Deus. Por exemplo, um marido pode ferir o princípio bíblico "deixar pai e mãe" quando ele se entrega a chantagens da sua mãe, como estas: "Desde que você se casou, não passa mais tempo comigo"; "Se vocês mudarem daqui, vou morrer de saudades". Nesses casos, como o "temor aos homens" paralisa o marido (ou esposa)? O que o cônjuge teme que aconteça?

5. **Leia Mateus 10.34-39.** Embora o contexto seja sobre o custo do discipulado, há implicações para o relacionamento com parentes no contexto conjugal. Haverá vezes em que o casal talvez tenha de pagar um preço para obedecer a Deus no que diz respeito à idoneidade do seu lar. Em alguns casos, talvez seja preciso tomar decisões difíceis que, inevitavelmente, produzirão conflito. Qual o consolo que esses versículos oferecem para casais em situações como essa?

6. Leia Efésios 6.1-3. Obediência aos pais termina, eventual e especialmente, quando o filho se casa. A lealdade a eles muda. A honra, entretanto, continua durante toda a vida. Filhos casados não têm obrigação nenhuma de obedecer aos seus pais! No entanto, sempre devem honrá-los, mantendo os limites bíblicos de "deixar pai e mãe". Mais uma vez, o motivo do coração está em jogo. Pense em algumas situações práticas em que o equilíbrio entre "deixar pai e mãe" e "honrar pai e mãe" pode ser difícil. Como o casal poderia encontrar esse equilíbrio?

7. Até que ponto a liderança masculina passiva (às vezes acompanhada de estrutura familiar matriarcal) contribui para ofuscar as linhas de separação entre o casal e os parentes? Qual o papel do homem na proteção da integridade e da santidade da união conjugal?

Como líder do lar, estabelecido por Deus, o homem precisa tomar a frente para proteger seu lar da interferência de terceiros. Passividade neste ponto pode ferir profundamente a esposa, em especial quando são os pais dele que estão na competição ou interferem no relacionamento a dois. Ele precisa enfrentar essas investidas com coragem e respeito. A esposa deve permitir que o marido assuma esse papel, embora ela também possa fazer sua parte diante dos pais para manter a integridade do lar.

INSPECIONANDO A CONSTRUÇÃO

Leia a compilação de sugestões sobre o relacionamento com os sogros — "Lidando com os sogros" — que vem a seguir. Assinale os itens que mais chamam a sua atenção e compartilhe com o grupo as razões.

ACABAMENTO

Pense nas seguintes situações. Qual seria uma resposta bíblica para cada uma delas? Quais os princípios bíblicos a serem considerados?

- **(?)** Seus pais, incrédulos, sempre querem ficar com os netos nas férias, mas, a cada ano, seus filhos voltam para casa com padrões e costumes inaceitáveis.

- **(?)** A sogra, viúva, não consegue mais cuidar de si mesma. Sempre foi uma pessoa difícil. Ela deve ir para um asilo ou morar com sua família?

- **(?)** Você está com problemas no casamento e quer muito ter os conselhos de sua mãe. Seu marido, porém, mesmo indiretamente, proibiu que você fale das suas dificuldades com outras pessoas.

LIDANDO COM OS SOGROS[1]

Leiam estas sugestões sobre como o casal pode lidar com parentes, especialmente com os pais e com os sogros. Assinalem os itens que mais chamam a sua atenção e estejam prontos para compartilhá-los com o grupo.

- Tratem seus sogros com a mesma consideração com que vocês tratam seus amigos.

- Procurem estabelecer uma amizade genuína com seus sogros. Lembrem-se de que o casamento une duas famílias, e não somente duas pessoas!

- Quando seus pais ou sogros lhes dão conselhos, lembrem-se de que muitas vezes não é porque querem interferir em sua vida a dois, mas porque se interessam sinceramente por seu bem-estar.

- Quando seus pais procurarem dar palpites, façam como se fosse um bom amigo a lhes oferecer conselho — se for bom, sigam o conselho; se não, aceitem-no com gratidão, e depois o ignorem.

- Procurem os pontos positivos em seus sogros e em seus pais.

- Aceitem seus sogros como eles são, e lembrem-se de que provavelmente eles gostariam de fazer algumas mudanças em vocês também!

- Aceitem o fato de que os pais não conseguem automaticamente parar de se interessar pelo bem-estar dos filhos, só porque estes se casaram. Deem tempo para que seus pais e

---

[1] As sugestões dadas aqui foram compiladas de várias fontes, inclusive: LANDIS, Judson e Mary. *Personal adjustment, marriage and family living*. Englewood Cliffs, NJ: Prentice Hall, Inc., 1966, p. 238-239; LOBENZ, Norman e BLACKBURN, Clark. *How to stay married*. Nova York, NY, p. 55-56; DUVALL, Evelyn Ruth Mills. *In-laws: pro and con*. Association Press, 1954; WRIGHT, H. Norman. *In-laws, outlaws*. Eugene, OR: Harvest House Publishers, 1977.

sogros encontrem novos interesses na vida; afinal, eles passaram os últimos vinte anos investindo tudo em vocês, e a separação pode ser traumática.

- Discutam as falhas do seu cônjuge somente com ele; nunca com sua família.
- Não citem seus pais ou os elevem como modelo que seu cônjuge deve seguir. Não usem frases como esta: "Por que você não pode ser como meu pai?"
- Embora os filhos devam recompensar os pais (1Tm 5.3,4), não devem ser "cobrados" ou se sentir na obrigação de atender a toda demanda dos pais em troca dos cuidados oferecidos no passado, como se fossem devedores a eles. O amor não exige amor ou honra; estes precisam ser dados livre e espontaneamente.
- Apresentem uma frente unida diante de qualquer tentativa feita pelos pais de interferir no seu casamento. Firmeza é mais importante do que hostilidade.
- Lembrem-se de que, algum dia, vocês também serão sogros!

LIÇÃO 8

A raiz dos conflitos conjugais

> PRINCÍPIO DE CONSTRUÇÃO
>
> *Para satisfazer nossos desejos, o egoísmo no coração nos leva a desentendimentos.*

■ **Objetivos do estudo**

Como resultado deste estudo, os membros do grupo devem ser capazes de:

- Entender que, depois da queda e da entrada do pecado no mundo, o conflito é inevitável entre seres humanos, especialmente na família, onde "somos o que somos".
- Identificar a raiz de muitos dos conflitos na família, como provenientes do "eu" no trono do coração.
- Reconhecer que existem conflitos necessários e saudáveis para o fortalecimento da família.

Sugestões didáticas:

Esta é a primeira de duas lições fundamentais sobre conflitos conjugais. Não se delongue demais nesta primeira lição na resolução de conflitos, pois a próxima lição trabalhará mais esse aspecto do assunto.

Pense na possibilidade de convidar alguns membros do grupo, talvez um ou dois casais, para fazerem uma rápida dramatização no início do estudo. Um casal poderá representar uma família em conflito por causa dos desejos egoístas que levam cada um a querer o que quer, quando quer. Esses conflitos incluem: a escolha de um restaurante, o lugar para passar as férias, ou o programa de TV a que assistir.

FIRMANDO ALICERCES

[?] Compartilhe com o grupo os itens que você assinalou nas sugestões "Lidando com os sogros". Por que você destacou esses itens?

_____
_____
_____
_____
_____

TERRAPLENAGEM

A hora da verdade[1]

- MATERIAL NECESSÁRIO: Tiras de papel contendo as perguntas e as respostas apresentadas a seguir — uma pergunta ou uma resposta em cada tira. As tiras com as perguntas que os homens farão devem ser dobradas e colocadas em um recipiente; da mesma forma, as respostas das mulheres devem ser dobradas e colocadas em outro recipiente. (Talvez você queira imprimir as perguntas com tinta azul para os homens e as respostas com tinta cor-de-rosa para as mulheres.)

[1] Somos gratos ao pr. Emerson Pereira por ter compartilhado esta ideia conosco.

- PROCEDIMENTO: Peça que um casal de cada vez fique diante do grupo. O marido deve fechar os olhos e escolher uma das tiras que contêm as perguntas dos homens. Então, lerá essa pergunta em voz alta, dirigindo-se à esposa. Esta, também com os olhos fechados, escolherá uma das tiras que contêm as respostas das mulheres e a lerá para o marido.

Perguntas (homens)

- Querida, você acha que sou paciente?
- Querida, você me acha romântico?
- Querida, eu não ajudo sempre a lavar a louça?
- Querida, não sou organizado?
- Querida, acha que, para mim, o futebol está acima de você?
- Querida, sou um marido atencioso?
- Querida, eu me irrito facilmente?
- Querida, tenho posto em prática os princípios de higiene?
- Querida, você me acha preguiçoso?
- Querida, sou do tipo que larga as meias sujas pela casa?
- Querida, trato sua mãe como se fosse a minha mãe?
- Querida, você acha que sou "pão-duro"?
- Querida, você me acha machista?

Respostas (*mulheres*)

- Com certeza, da meia-noite às 6 da manhã!
- É claro que não!
- Jamais, de jeito nenhum!
- Se não fosse assim, não me casaria com você!
- Isso é com o que mais eu sonho!
- Como gostaria que isso fosse verdade!
- No momento, não me lembro de nenhum exemplo positivo.
- Nem se chover canivete!
- Sua mãe que o diga!
- Você é mesmo um "cara de pau"!
- Neste assunto, você é exemplo para todos os maridos!
- Somente na igreja!
- Isto é uma piada?
- Posso dizer que, às vezes, sim, às vezes, não!
- Faz um tempão que gostaria que isso se tornasse realidade!
- Não se desespere, não vou abandoná-lo por causa disso.
- Suas ações falam mais alto!
- Acho que minha memória está fraca, porque não me lembro de nada!
- Acho que você está brincando comigo!
- É por isso que eu admiro você!

> - Por você ser assim, é que cada dia fico mais apaixonada!
> - Acho que, neste assunto, você ganha de mim!
> - Desisto, não falo mais nada!
> - Não é bem assim, mas você pode conseguir!
> - Você quer que eu responda na frente de todos?
> - Claro, eu me sinto a esposa mais feliz do mundo!

ERGUENDO PAREDES

Os conflitos são inevitáveis na vida. Fazem parte de todo casamento, de toda família. Por sermos pecadores, humanos, sempre haverá diferenças entre nós. É um engano imaginar que boas famílias não têm conflitos, e famílias ruins sempre os têm. Certa vez, alguém declarou acertadamente sobre o casamento: Se os dois sempre concordam, um deles é desnecessário!

A pergunta-chave sobre conflitos é: Como responderemos aos conflitos da vida de modo que agrade a Deus? Mais uma vez, a resposta vai direto ao motivo do coração em meio ao conflito. Afinal de contas, qual é o nosso desejo? A glória de Deus ou a autoproteção egoísta? Queremos a vitória dele ou preferimos ganhar a discussão a qualquer preço?

O alvo desta e da próxima lição é conhecer o próprio coração, revelar seus motivos egoístas, descobrir mecanismos impiedosos de lidar com o conflito e traçar um caminho de resolução de conflitos segundo aquilo que Deus deseja. Nem sempre os conflitos são uma questão de certo ou errado. Às vezes, precisaremos da maturidade para concordar em discordar. Muito mais importante é COMO agimos durante o conflito e POR QUE agimos assim.

1. Procure lembrar algum conflito em família (marido/esposa ou pai/ filho) que você enfrentou durante a última semana. Pense no que aconteceu e por quê. Esse conflito servirá como seu "estudo de caso" para avaliar o conteúdo desta e da próxima lição. Descreva aqui o conflito que veio à sua mente:

_____
_____
_____

A raiz do conflito

2. Leia Tiago 4.1-4. Embora não possamos aplicar esse texto a TODOS os desentendimentos, Tiago identifica uma das raízes capazes de causar conflitos, sejam eles globais ou pessoais. Qual a raiz de um conflito destacada por Tiago?

_____
_____

Mais uma vez, o egoísmo, o desejo de satisfazer a si mesmo, é a raiz de conflitos. É o "eu", ídolo que ocupa o trono do coração e toma precedência sobre tudo mais.

[?] Segundo Tiago, por que esses desejos, mesmo mascarados em oração, não são atendidos por Deus?

_____
_____

Pelo fato de Deus ver o coração e conhecer o motivo egoísta que pode vir dissimulado em uma oração, ele se recusa a alimentar nosso ego. Pedidos egoístas não são feitos "em nome de Jesus", pois Jesus não os faria. Ele se preocupava mais em que os desejos de outros fossem atendidos, mesmo antes dos seus desejos. Oração não é um cheque em branco para ser consumido em desejos idólatras e egoístas.

3. Leia Filipenses 2.3-8. Se tivéssemos os mesmos sentimentos demonstrados por Jesus, o que aconteceria com a maioria dos conflitos? (Imagine um casamento em que cada um sempre buscasse o bem do outro!)

_____
_____
_____
_____

Como os casamentos seriam um paraíso sobre a terra se cada um, em primeiro lugar, se preocupasse com o bem-estar do outro! A maioria dos conflitos acabaria de vez. Isso poria fim em quase todos os motivos de choques entre pessoas.

4. Por que é tão importante para a maioria das pessoas VENCER os conflitos? Pense em crianças disputando um brinquedo ou o direito de assistir a um programa predileto na TV. São capazes de ferir o irmão por algo de pouco ou nenhum valor. Por quê?

_____
_____
_____
_____

O problema é que valorizamos tanto o nosso "eu" que chegamos a sacrificar relacionamentos preciosos para alcançar o que queremos. Ficamos cegos ao que realmente tem valor. E, pior ainda, quando nossas expectativas e demandas não são atendidas, sentimo-nos privados dos nossos "direitos" e somos tomados de ira.

Muitas vezes, em meio a um conflito, fazer a pergunta "O que eu QUERO?" pode ajudar. Por exemplo, podemos desejar respeito, amor, gratidão, carinho, tempo com alguém, presentes, um casamento cristão, aceitação, paz em casa etc. Depois de analisar o que realmente queremos, devemos nos perguntar: "Será que o que eu quero toma precedência sobre o que Deus quer e sobre meu relacionamento com essa pessoa?"

A importância do confronto bíblico

É preciso reconhecer que muitos conflitos vêm de uma raiz nociva, mas alguns deles são desencadeados em função do plano divino: Quando um irmão é surpreendido em alguma falta, Deus exige que nós o confrontemos.

5. Leia os textos a seguir. O que cada um deles ensina sobre a importância do "conflito" em forma de confrontação bíblica?

Mateus 18.15

_____
_____
_____
_____

Lucas 6.41,42

_____
_____
_____
_____

Gálatas 6.1

_____
_____
_____
_____

6. Na Bíblia, encontramos muitos exemplos de conflitos. Alguns necessários, e outros não. Leia os textos e estude os comentários apresentados no gráfico a seguir. Em cada caso, reflita sobre se era realmente necessário que houvesse esse conflito. Conversem a respeito desses casos. Você concorda com as conclusões apresentadas na última coluna?

Texto/ personagens	Natureza do conflito	Bíblico ou não? Por quê?
Gálatas 2.11-14 Paulo e Pedro	Paulo confrontou Pedro (Cefas) por causa da sua hipocrisia em fazer acepção de pessoas e por ele ter se voltado para o jugo da lei, e não para a graça.	Paulo percebeu um irmão em pecado, sendo incoerente, e o reprovou.
Atos 15.36-40 Paulo e Barnabé	Paulo e Barnabé tiveram uma discussão quente sobre o futuro do jovem João Marcos. Barnabé queria investir outra vez em seu primo, enquanto Paulo não queria comprometer a viagem missionária, "paparicando" aquele que já havia se mostrado infiel.	Parece que ambos, Paulo e Barnabé, tinham o reino de Deus em primeiro lugar. O fim da história (2Tm 4.11) faz parecer que Barnabé tinha mais razão. Entretanto, em Sua infinita graça, Deus usou esse conflito para multiplicar o esforço missionário. No fim, os envolvidos concordaram em discordar.

7. Algumas pessoas evitam, a qualquer preço, um conflito, mesmo os que são exigidos por Deus. **Leia Provérbios 29.25.** Segundo esse texto, por que algumas pessoas fogem de um conflito?

_____
_____
_____
_____

O temor dos homens também pode refletir raízes de egoísmo, se a pessoa envolvida evita o conflito simplesmente para se poupar de atritos angustiantes. No entanto, ao se recusar a agir biblicamente em situações que exigem a coragem de um confronto, acaba "armando ciladas", ou seja, contribuindo para uma queda, tanto de si mesma quanto do companheiro que tem ponto de vista contrário ao seu.

8. O confronto inevitável entre familiares e amigos verdadeiros exige um amor que genuinamente se interesse pelo bem do outro e fuja do temor aos homens. O que os versículos a seguir dizem sobre o papel que a confrontação deve ter em relacionamentos sadios?

Provérbios 27.5,6

_____
_____
_____

Provérbios 3.11,12 (cf. Hb 12.5,6)

_____
_____
_____

Provérbios 25.12

_____
_____
_____

Provérbios 28.23

_____
_____
_____

Resolvendo conflitos

Como aconteceu entre Paulo e Barnabé (cf. At 15.3-40), às vezes não é possível resolver totalmente o que o conflito produz entre duas ou mais pessoas. Romanos 12.18 diz: *Se possível, no que depender de vós, vivei em paz com todos os homens.* No texto, Paulo reconhece a possibilidade de que a outra pessoa não queira "acertar" as contas. Mesmo assim, devemos fazer tudo o que estiver ao nosso alcance para manter relacionamentos "limpos", para resolver todas as discórdias, especialmente com os membros da nossa família.

9. Leia os textos a seguir e anote as implicações que poderão ser usadas na discussão sobre a resolução de conflitos:

Efésios 4.26,27

_____
_____
_____
_____

Romanos 12.17-19

_____
_____
_____

Resumo

Aprendemos que o conflito é inevitável entre seres humanos, especialmente na família, pois ali "somos o que somos". Descobrimos que a raiz de muitos conflitos brota no solo do coração, onde o "eu" se estabelece com os seus desejos. Existem, entretanto, conflitos proveitosos, aqueles que surgem por causa da obediência à Palavra de Deus, pois esta nos recomenda que confrontemos, humildemente, o irmão em pecado. Não podemos permitir que o temor dos homens e o medo do confronto nos paralisem diante de um conflito que nasça entre nós.

Na próxima lição, investigaremos os dois caminhos para a resolução de conflitos: o caminho da manipulação e egoísmo, e o caminho do ministério e graça.

INSPECIONANDO A CONSTRUÇÃO

(?) Leia o texto "Conflitos no lar: casamento em perigo", apresentado a seguir. Das cinco áreas de possível conflito conjugal, qual a que representa o maior perigo para a sua família? Das sugestões ali apresentadas, qual a que melhor se encaixa na sua necessidade e na sua realidade de vida?

_____
_____
_____
_____

ACABAMENTO

(?) Estude Gênesis 13. Ao resolver o conflito com Ló, como Abrão ilustrou a atitude que, séculos mais tarde, seria demonstrada por Jesus? Como Deus o recompensou por isso (v. 14-18)?

_____
_____
_____
_____

CONFLITOS NO LAR: CASAMENTO EM PERIGO

Nos dias 14 e 15 de abril de 1912, o majestoso Titanic terminou sua viagem inaugural no fundo do mar, um desastre em que morreram quase 1.500 pessoas. Mas o que constrangeu todo o mundo foi o fato de que aquele desastre poderia ter sido evitado. Vários alertas foram feitos ao navio sobre o perigo de *icebergs*. Ao que tudo indica, porém, o capitão Smith ignorou as advertências, preferindo confiar em seu navio "inaufragável".

Muitos casamentos que conseguem navegar pelos mares, às vezes tempestuosos, ainda enfrentam um oceano repleto de *icebergs* de conflito. Assim como o *iceberg*, esses perigos talvez pareçam menores na superfície do que realmente são.

Que tal ligar seu "radar" matrimonial para verificar se alguns destes perigos estão no horizonte do seu casamento?

1. *Distanciamento*

O primeiro *iceberg* capaz de afundar o matrimônio faz parte do processo natural em que a paixão da lua de mel se transforma em um amor mais maduro e estável. "Estável" pode também ser sinônimo de "frio" se o casal não se guardar de uma vida rotineira e previsível demais. Um ditado universal afirma que "a distância produz saudade, impõe respeito" e, muitas vezes, "a familiaridade produz ódio".

O livro de Provérbios afirma que podemos e devemos manter acesa a chama do nosso amor. Falando do amor romântico no casamento, o autor diz: *Que teu manancial seja bendito. Alegra-te com a esposa que tens desde a mocidade. Como corça amorosa e gazela graciosa, que os seios de tua esposa sempre te saciem e que te sintas sempre embriagado pelo seu amor* (Pv 5.18,19).

Sugestão: Quando foi a última vez que vocês saíram, só os dois, para um "escape romântico"? Pelo menos uma vez por ano, o casal deve fazer todo esforço para planejar uma saída — talvez um retiro ou congresso de casais, ou até mesmo um fim de semana longe de casa, dos filhos, do trabalho, da igreja e da vida rotineira.

2. *Monotonia e egoísmo*

Relacionado com o primeiro, outro perigo no mar matrimonial é a monotonia. A mesmice — as mesmas rotinas dia após dia, semana após semana, mês após mês, ano após ano — afoga o relacionamento com ondas de mediocridade. Em meio a tantas preocupações com os filhos, com a carreira, com contas a pagar e muito mais, as pequenas cortesias do namoro e da lua de mel ficam esquecidas. Acabamos voltando toda a nossa atenção para nós mesmos, e não mais para o cônjuge. O texto de 1Coríntios 13 nos faz lembrar que um amor vivo não se conduz inconvenientemente, não procura os seus interesses, tudo sofre, tudo crê, tudo espera e tudo suporta.

Sugestão: Que tal voltar a "paparicar" seu cônjuge, como você fazia antes? Abrir uma porta, escrever um bilhete, massagear os pés, fazer cafuné no cabelo, levar uma flor para a esposa, sair para jantar, dar um abraço "fora da hora" e muitos outros agrados são maneiras de dizer "Eu te amo", interromper a monotonia e pôr fim ao egoísmo no relacionamento.²

3. *Carreira x família*

Para muitos, essas duas responsabilidades ocorrem no casamento simultaneamente. O tempo em que muitas carreiras disparam quase sempre é o tempo em que os filhos precisam muito dos pais, não só pelas decisões a serem tomadas (namoro, vestibular, faculdade, carreira), mas também pelos desafios da pré-adolescência e da adolescência. Pais ausentes dificilmente orientarão os filhos na sua navegação por essas águas profundas. Conflito é o resultado natural dessa dificuldade.

As Escrituras Sagradas colocam em questão nossa ambição desenfreada. O salmista nos desafia: *Se o* SENHOR *não edificar a casa, em vão trabalham os que a edificam; [...] Inútil vos será levantar de madrugada, repousar tarde, comer o pão de dores, pois ele o supre aos seus amados enquanto dormem* (Sl 127.1,2). E ainda declara: SENHOR, *meu coração não é arrogante, nem meus olhos são altivos; não busco coisas grandiosas e maravilhosas demais para mim* (Sl 131.1).

Sugestão: Avalie suas prioridades como família. A promoção que você está pleiteando realmente vale a pena? Os filhos precisam de mais dinheiro ou de mais tempo com os pais? Você TEM de trazer

---

²Para mais sugestões, veja nossos livros *101 ideias de como paparicar seu marido* e *101 ideias de como paparicar sua esposa*, ambos publicados pela Editora Hagnos.

tanto trabalho para casa nos finais de semana? Nenhum comerciante termina sua vida arrependido por não ter fechado mais um negócio, mas muitos sofrem por não ter investido mais na vida da sua família.

4. Filholatria

A revista *Veja*, na edição especial "Sua criança", publicou um artigo intitulado: "Fuja do filhocentrismo". Nele, o autor comenta sobre como, nos dias atuais, os pais mostram-se incapazes ou indispostos a dizer "não" aos filhos, permitindo que estes sejam pequenos deuses no lar.[3]

A revista *Seleções* ofereceu uma peça semelhante intitulada "Romance com filhos é possível? Torná-los o centro de sua vida pode lhe custar caro".[4]

A "síndrome do ninho vazio" resulta de os pais se dedicarem durante dezoito anos ou mais aos filhos, esquecendo-se de desenvolver a amizade conjugal. Os dois artigos certamente não recomendam negligência ou abandono dos filhos, mas apontam para uma forte tendência que se pode ver em nossos dias de idolatrar nossos herdeiros. Biblicamente, não é o eixo pai—filho, e sim o relacionamento marido—mulher que ancora o lar (cf. Gn 1.27,31). Quando mãe e pai estão bem como casal, tudo vai bem em casa. Quando, porém, há atritos entre eles, o mundo dos filhos afunda.

Sugestão: Seria bom os pais verificarem se já caíram no extremo da filholatria. Se isso aconteceu, o caminho é tomar providências para que voltem ao equilíbrio ensinado na Bíblia. Têm medo de contrariar o filho? Evitam sair de casa só os dois, sem os filhos? Os programas dos filhos dominam o lar? Os pais apresentam uma frente unida diante dos filhos na disciplina e nas decisões, ou os filhos conseguem jogar um pai contra o outro?

---

[3]RIBEIRO, Edgar Flexa. *Fuja do filhocentrismo*, Veja, edição especial, 13 de maio, de 1998, p. 67.
[4]SILLS, Judith. *Romance com filhos é possível?*, Seleções, outubro de 2002, p. 86-89.

5. Mágoas

Pequenos atritos e conflitos não resolvidos acumulam-se no decorrer dos anos e facilmente fazem naufragar relacionamentos. Por isso, o apóstolo Paulo aconselhou: *Quando sentirdes raiva, não pequeis; e não conserveis a vossa raiva até o pôr do sol; nem deis lugar ao diabo* (Ef 4.26,27). Nem sempre vamos concordar a respeito de tudo e, às vezes, ao longo de um casamento, temos de concordar em discordar. Se, no entanto, não resolvermos nossas diferenças, as mágoas se empilharão entre nós, afastando-nos um do outro. Por esse efeito cumulativo, muitos casamentos acabam afundando.

Sugestão: Se existem questões não resolvidas entre vocês, o primeiro passo é reconhecer SUA parte no conflito e pedir perdão (não desculpas) ao seu cônjuge, sem exigir ou esperar que ele faça o mesmo. O perdão ministra a graça de Deus em seu lar e remove obstáculos que facilmente fazem naufragar um relacionamento.

Há muitos *icebergs* no mar matrimonial. Não podemos ignorar as advertências de perigos no horizonte. É verdade o que diz o simpático cântico infantil: "Com Cristo no barco, tudo vai muito bem..."

LIÇÃO 9

Resolvendo conflitos conjugais

> Princípio de construção
>
> *A vida de Cristo em nós faz com que ministremos graça em meio aos conflitos.*

▪ Objetivos do estudo

Como resultado deste estudo, os membros do grupo devem ser capazes de:

- Compreender a diferença entre os dois caminhos para a resolução de conflitos: o caminho da manipulação e do egoísmo, e o caminho do ministério e da graça.
- Identificar os sinais de manipulação que costumamos usar para ganhar ou evitar conflitos.
- Apropriar-se do exemplo da vida de Jesus em meio aos conflitos, abrindo mão dos "direitos", sondando o próprio coração e sendo compassivo com a outra pessoa.

Sugestões didáticas:

O estudo desta lição pode se tornar bem extenso e gerar dificuldades. Faça tudo para não "perder a floresta por causa das árvores". Volte sempre para o quadro maior, cuidando que os membros do grupo compreendam o aspecto central da lição: a atitude de Jesus deve reinar em nós em meio aos conflitos.

Use a terraplenagem "Guerra entre os sexos" como ponte para levantar a realidade de conflitos, às vezes "tolos", que existem entre nós.

TERRAPLENAGEM

Guerra entre os sexos

- **MATERIAL NECESSÁRIO:** Duas folhas de papel tipo *flip-chart* (papel para álbum seriado) suficientemente grandes para que todos os membros de cada grupo escrevam em uma das folhas; canetas ou pincéis atômicos.

- **PROCEDIMENTO:** Em cada uma das folhas, desenhe um grande quadro, dividido em 25 quadros pequenos:

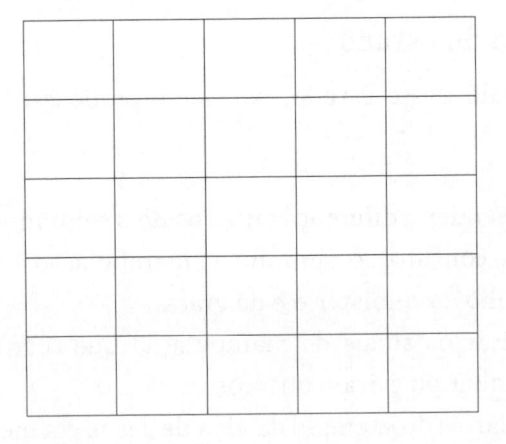

Divida o grupo em dois: homens e mulheres. Cada grupo receberá uma das folhas de papel *flip-chart* e terá cinco minutos para pensar em cinco áreas do cotidiano, a respeito das quais imagina que o outro grupo nada saiba. Em seguida, escreverão essas áreas na primeira linha do quadro. Por exemplo, os homens podem completar a linha com: ferramentas hidráulicas — carros esportivos — pesca esportiva — pilotos de Fórmula 1 etc. As mulheres podem completá-la com as expressões: perfumes elegantes — atrizes famosas — utensílios de cozinha etc.

Assim que os dois grupos escolherem as áreas que desejam destacar, terão cinco minutos para tentar preencher, na folha do outro grupo, as cinco colunas com itens relacionados às áreas escolhidas. Ganha o grupo que, na avaliação feita por um "juiz", conseguir mais itens válidos para cada área.

Variação: Para dificultar essa atividade, escreva uma palavra com cinco letras, como, por exemplo, C-A-S-A-R, colocando cada uma das letras à esquerda de uma das linhas. Os grupos, então, só poderão preencher os quadros com itens que comecem com a letra da esquerda de cada linha e dentro da categoria correspondente.

FIRMANDO ALICERCES

[?] Depois da leitura de "Conflitos no lar: casamento em perigo", compartilhe uma das cinco áreas de possível conflito conjugal que apresenta maior perigo para sua família. Das sugestões oferecidas, qual melhor responde à sua necessidade e realidade de vida?

_____
_____
_____
_____
_____

ERGUENDO PAREDES

A lição anterior destacou as seguintes ideias:

1. O conflito é inevitável entre os seres humanos.
2. A raiz de muitos dos conflitos encontra-se no egoísmo que reina no coração do homem.
3. Alguns conflitos, em forma de confrontação do pecado, são necessários se quisermos obedecer à Palavra de Deus.

4. Não podemos permitir que o temor dos homens e o medo do confronto nos paralisem.

O que fazer quando nos vemos diante de um conflito familiar?

1. Assim como na lição passada, procure lembrar uma vez em que, recentemente, você experimentou um conflito em família (marido/mulher ou pai/filho). Pense no que aconteceu e por quê. Novamente, você usará esse conflito como seu "estudo de caso", para avaliar o conteúdo desta lição. Anote aqui o conflito que lhe veio à mente:

_____

_____

_____

Existem pelo menos dois caminhos opostos para a resolução de conflitos familiares:

1. O caminho da manipulação, baseado no egoísmo.
2. O caminho do ministério, baseado na graça.[1]

Infelizmente, a maioria escolhe o primeiro caminho. Pessoas que respondem a conflitos naturais da vida colocando a própria vitória acima de relacionamentos revelam um coração egoísta. Visam mais àquilo que elas mesmas podem ganhar do que à glória de Deus. Seu alvo é controlar a situação, e não ministrar a graça de Deus na vida daqueles que estão ao seu redor.

O caminho da manipulação

2. Quais as evidências de que as pessoas estão usando de manipulação a fim de alcançar a vitória nos conflitos

---

[1] Algumas partes desta lição baseiam-se no material publicado pelo ministério da *Christian Counseling and Education Foundation* (CCEF), Glenside, Pennsylvania, EUA.

familiares? (Quais as técnicas não apropriadas que as pessoas usam para vencer nos conflitos?)

_____
_____
_____
_____

Veja a lista a seguir para ter uma ideia das categorias em que essa manipulação pode se enquadrar.

Podemos resumir os mecanismos da manipulação (egoísmo) nestes quatro "Ps":

- **Poder** — A pessoa usa toda a sua autoridade para sobrepujar qualquer concorrente: eleva a voz, usa a força física, aproveita a sua posição de autoridade (como pai/mãe, primogênito, filho predileto, provedor principal etc.). Seu alvo é ganhar o conflito.

- **Paz** — A pessoa paga qualquer preço para apaziguar o conflito. O temor dos homens e o medo da rejeição podem levar à opinião de que não vale a pena resolver o conflito; podem passar a ideia de que é melhor "varrê-lo para debaixo do tapete". Muitas vezes, entretanto, essa pessoa adota a filosofia "Você me deve pela paz que eu trouxe", demonstrando que seu alvo é ser aceita pelos outros.

- **Proteção** — A pessoa minimiza o problema, negando que ele existe: "Que problema? Não temos nenhum problema". Seu alvo é evitar a dor decorrente de um conflito, mesmo que isso signifique viver uma fantasia.

- **(Auto)piedade** — A pessoa faz o papel do "coitadinho". "Eu nunca acerto", "Sempre faço tudo errado", "Ninguém me compreende" e outras declarações semelhantes acabam virando a mesa no conflito. A pessoa escapa da responsabilidade e desarma a outra. Seu alvo é trazer o foco do problema para si mesmo, assim evitando o conflito.

3. Você consegue se lembrar de algum exemplo desses mecanismos de manipulação que você já presenciou ou mesmo usou para ter a vitória em um conflito ou deixar de resolvê-lo biblicamente? (Tenha cuidado para não compartilhar pecados cometidos por outras pessoas conhecidas pelo grupo, a não ser os seus pecados!)

___

O caminho do ministério

O caminho correto para a resolução de conflitos encara a situação em si como uma oportunidade para ministrar a graça de Deus. A vida de Cristo em nós se revela em meio ao conflito quando sinceramente buscamos o bem do outro acima dos nossos desejos (cf. Fp 2.3-8). Essa atitude diante de disputas requer, acima de tudo, uma experiência pessoal com a graça de Deus revelada na cruz de Cristo.

4. Embora tendo vivido séculos antes da morte de Cristo, Abrão evidenciou a segurança na identidade que vem da fé em Deus, retratada na cruz. Leia a história do conflito entre Abrão e Ló em **Gênesis 13**.

> ⟨?⟩ Ao resolver o conflito com Ló, como Abrão ilustrou a mesma atitude de autonegação denotada por Jesus (v. 8-11)?

Abrão havia recebido de Deus a promessa de uma terra, de um povo e de que se tornaria uma bênção. Gênesis 15.6 revela que Abrão creu na Palavra de Deus, e que Deus lhe atribuiu (creditou na "conta" dele) justiça pela sua fé. Ele deixou que Ló escolhesse o melhor da terra, embora Ló não fosse o filho da promessa, fosse o mais jovem da família e não tivesse nenhum direito àquela terra. Abrão abriu mão dos seus direitos porque confiava em Deus.

(?) Como Deus o recompensou (v. 14-18)?

_____

_____

_____

Como podemos atingir tamanha fé e segurança em Cristo, a ponto de sermos capazes de resolver conflitos e ministrar a graça de Deus na vida das pessoas? Vamos traçar pelo menos quatro passos que a Bíblia nos ensina e que devemos seguir quando estamos diante de um conflito familiar:

Primeiro passo: conhecer o nosso Deus e a nossa posição em Cristo

A segurança em nossa posição em Cristo e a certeza da nossa identidade e do nosso futuro nos permitem abrir mão dos nossos "direitos". Podemos ouvir coisas dolorosas sobre nós mesmos sem desejar a vingança. Podemos enfrentar um conflito sem nos sentir ameaçados por ele. Não é preciso que manipulemos o outro para mudá-lo, pois sabemos que só Cristo tem o poder de realizar a mudança verdadeira. Achar nossa suficiência em Cristo nos permite ouvir críticas, ceder direitos, realizar mudanças, ministrar graça, viver em paz e, acima de tudo, servir aos outros como Cristo fez.

5. **Leia João 13.1-5.** O versículo 3 diz que Jesus tinha conhecimento de algumas coisas que fizeram com que, naquela hora, ele passasse a lavar os pés dos discípulos. O que Jesus sabia? Do que nós devemos nos lembrar para que também sirvamos aos outros?

_____

_____

_____

Segundo passo: conhecer o estado do nosso coração

6. Leia Mateus 7.1-5. À luz desse texto, qual deve ser a nossa preocupação antes de apontar os erros de outra pessoa?

_____
_____
_____

Nossa tendência natural é encarar a situação somente pela nossa perspectiva. Vemos nosso lado através de lentes cor-de-rosa, e o lado da outra pessoa, através de lentes escuras. Se estivermos mais interessados em apontar os defeitos da outra pessoa do que em reconhecer e confessar a nossa responsabilidade no conflito, sinais imediatos de perigo surgirão, indicando que nosso foco no conflito está totalmente errado.

Em conflitos familiares, especialmente entre casais, em vez de fazer listas mentais de tudo o que o cônjuge fez de errado, procure examinar o seu coração e enumerar suas falhas. Se cada cônjuge focalizasse sua parte do problema e tentasse compreender o lado do outro, 99% dos conflitos acabariam de vez.

Terceiro passo: conhecer o próprio coração

7. Leia Salmo 139.23,24. Por que o salmista pede que Deus sonde o seu coração? Será que Deus já não sabia o que se passava nele?

_____
_____
_____

O salmista pediu que Deus REVELASSE para ele o que estava em seu coração. O conflito expõe nosso coração, demonstra o que já existe ali. As circunstâncias do conflito não produzem atitudes de ira, impaciência, egoísmo etc., mas manifestam o que já temos em nosso interior. Por isso, em conflitos familiares, é preciso reconhecer que o coração é enganoso (cf. Jr 17.9) e deixar de culpar as circunstâncias ou outras pessoas pelo próprio pecado.

Quarto passo: entender a outra pessoa

Nunca poderemos resolver conflitos sem "estar na pele" da outra pessoa. Faz parte da vida de Cristo em nós procurar ver as circunstâncias do ponto de vista do outro. Foi assim que Cristo, nosso sumo sacerdote, compadeceu-se da nossa fraqueza (cf. Hb 4.15,16).

8. Leia os textos de Provérbios a seguir e anote que significado eles podem ter para a resolução de conflitos familiares.

Provérbios 18.2

_____
_____
_____
_____

Provérbios 20.5

_____
_____
_____

A esta altura, a resolução de conflitos de forma bíblica pode acontecer. Isso não é garantia de que sempre concordaremos, ou de que a outra pessoa se mostrará disposta a se reconciliar conosco, pelo menos de imediato. Mas teremos a tranquilidade de saber que fizemos o possível para manter a paz entre nós (cf. Rm 12.18). Para isso, teremos de escolher bem a hora e a maneira de abordar a situação e o conflito. Não é preciso resolver todos os conflitos instantaneamente. Os pais precisam de sabedoria para escolher as áreas mais urgentes que devem ser lapidadas em seus filhos; se atacarem tudo de uma só vez, provocarão seus filhos à ira. É interessante observar que Deus age assim conosco. Se ele fosse tratar de tudo que está errado em nossa vida hoje, morreríamos de desânimo. Entre os cônjuges, há momentos melhores e piores para enfrentar as áreas de conflito.

9. **Leia 1Tessalonicenses 5.14.** Observe que somos aconselhados a estar sempre preocupados em ministrar a graça de Deus conforme a necessidade de outros (cf. Ef 4.29). Diante de que situações e necessidades diversas destacadas no texto somos aconselhados a tomar essa atitude?

_____
_____
_____

Conclusão

Conflitos são inevitáveis na convivência em família. Alguns desses conflitos representam o egoísmo nato no coração de todos nós, pecadores. Outros são mais "inofensivos", o produto de perspectivas e opiniões diferentes e até necessárias. ("Se os dois sempre concordam, um deles é desnecessário!")

A vontade de Deus é que adotemos atitudes e estratégias *cristãs* na resolução de conflitos, ou seja, o caminho da graça, e não o da manipulação. Que Deus nos dê a graça de discordarmos sem sermos desagradáveis.

INSPECIONANDO A CONSTRUÇÃO

[?] Avalie "Os dez mandamentos para uma discussão entre o casal", a seguir. Que mandamentos você tem maior dificuldade de colocar em prática? Quais são os mais fáceis de cumprir? Com quais deles você discorda? Você está disposto a cumprir esses mandamentos em sua família?

_____

ACABAMENTO

Leia os textos a seguir. Como eles refletem a ideia de que podemos esperar o momento oportuno para lidar com algum problema ou conflito?

1Pedro 4.8

Salmo 27.14

Provérbios 19.11

OS DEZ MANDAMENTOS PARA UMA DISCUSSÃO ENTRE O CASAL

1. Não guardarás mágoas no teu coração de um dia para o outro.
2. Em uma discussão, não altearás a voz.
3. Não usarás termos grosseiros na discussão.
4. Não comentarás com outras pessoas as falhas que vires em teu cônjuge.

5. Não usarás o sexo como arma contra o teu cônjuge.
6. Não envolverás terceiros (muito menos, crianças) na discussão.
7. Manterás tua boca fechada até entenderes o que o outro realmente está dizendo.
8. Reservarás um tempo diariamente para compartilhar e para conversar com o teu cônjuge.
9. Criarás bons hábitos de comunicação, e tu e teu cônjuge passarão tempo juntos.
10. Procurarás ajuda quando vocês não conseguirem resolver seus problemas juntos.

LIÇÃO 10

Mágoas

> PRINCÍPIO DE CONSTRUÇÃO
> *Grande graça recebida exige grande graça despendida. Somente os que foram perdoados conseguem perdoar!*

■ Objetivos do estudo

Como resultado deste estudo, os membros do grupo devem ser capazes de:

- Identificar pecados de ira e de mágoas em sua vida.
- Reconhecer o imensurável perdão de Deus revelado na cruz de Cristo.
- Traçar passos para livrar-se da ira e das mágoas e restaurar relacionamentos danificados.

Sugestões didáticas:

Esteja pronto para muita poeira que esta lição pode levantar. É bem provável que ela mexa com algumas pessoas no grupo. Tenha paciência e ore muito, pedindo que Deus a use para restaurar relacionamentos familiares.

No decorrer da lição, tenha cuidado para que os membros do grupo não tragam à tona situações passadas já resolvidas e perdoadas. O propósito da lição não é chamar de volta emoções e pecados, mas lidar com as emoções e os pecados do presente.

De todas as lições deste livro, é esta a que mais possibilita que o debate fuja do que a Bíblia ensina. Faça todo o possível para manter o foco na Palavra de Deus e em suas prescrições para o perdão e para uma vida livre de mágoas.

No início desta lição, orem como grupo para que Deus suavize os corações, levando alguns a resolverem mágoas antigas não resolvidas que haja entre eles.

Seja sensível ao dirigir os estudos de caso durante a aplicação da "terraplenagem", cuidando para não colocar ninguém em um grupo que lhe seja constrangedor por causa do conteúdo do caso em estudo. Controle bem o tempo desse exercício em grupo.

TERRAPLENAGEM

Três histórias

- PROCEDIMENTO: Divida o grupo em três grupos menores. Designe para cada grupo um dos estudos de caso que seguem. O grupo deve ler a narrativa e depois discutir estas perguntas:

    1. Qual foi a situação que provocou a crise?
    2. Como a pessoa envolvida no caso reagiu?
    3. O que essa pessoa desejava, mas não conseguiu?
    4. Quais os sinais de mágoa vistos nas pessoas envolvidas nesse caso?

Caso #1: Márcia e João

Márcia tem 33 anos e é casada há oito anos com João, um vendedor bem-sucedido que passa boa parte do seu tempo em viagens. Com dois filhos pequenos em casa e tendo de gerenciar uma microempresa, Márcia está cada vez mais tensa, sente-se extenuada no final do dia e mostra-se irritada com a aparente passividade do marido. Ela suspeita que ele esteja viciado em pornografia, trata-o cada vez com mais desprezo e crítica e mostra-se fria em seu relacionamento físico.

Caso #2: Marcos e Priscila

Marcos e Priscila têm três filhos adolescentes. A mais velha, Luciana, tem 17 anos. Nos últimos anos, ela vem se distanciando dos pais e, por último, acaba de quebrar o coração deles: está grávida. Eles admitem que não são pais perfeitos. Estiveram muito tempo ausentes do lar durante a infância dos filhos, mas procuraram fazer o melhor, frequentando a igreja e até algumas conferências sobre educação de filhos. Marcos e Priscila não sabem o que vão falar para os amigos na igreja, ou até mesmo como poderão voltar a frequentá-la. Quando soube, Marcos ameaçou colocar a filha para fora de casa. Priscila não parava de chorar. "Como ela pôde fazer isso conosco, depois de tudo o que fizemos por ela?" é a pergunta que permanece na mente de ambos.

Caso #3: Guilherme

Guilherme tem 25 anos, mas parece ter pouca direção ou propósito na vida. Deixou a faculdade, já teve várias namoradas, e só esporadicamente assiste aos cultos na igreja. Seu pai foi presbítero durante anos, mas nunca abriu a Bíblia em casa. E, às vezes, tratou a esposa tão mal diante dos filhos que Guilherme tinha de se segurar para não agredir o pai por fazer a mãe sofrer. Guilherme e seu pai não se falam há um ano, desde uma discussão acirrada sobre as notas do filho na faculdade. A mãe procura esconder o fato de ser alcoólatra e, mesmo desejando dar apoio moral ao filho mais velho, tem muita dificuldade de cuidar de si mesma. Guilherme se sente confuso, quer "acertar" a sua vida, mas não sabe para onde ir. Será que todos os líderes da igreja são iguais ao seu pai?

FIRMANDO ALICERCES

(?) Compartilhe suas respostas diante da leitura de "Os dez mandamentos para uma discussão entre o casal". Desses mandamentos, quais você tem maior dificuldade em cumprir? Para você, quais os mais fáceis de colocar em prática? De quais deles você discorda? Você está disposto a cumprir esses mandamentos em discussões que surjam em sua família?

_____
_____
_____
_____

ERGUENDO PAREDES

Alguém já afirmou: "Guardar mágoas é como tomar veneno e esperar que o inimigo morra". De todas as tempestades que assolam a família atualmente, talvez nenhuma delas seja mais responsável pela destruição dos lares do que as mágoas. As mágoas representam a ira não resolvida. Quase sempre, elas envolvem as pessoas mais próximas de nós. Mesmo quando nos indignamos ao ouvir sobre tragédias que acontecem em outras partes do planeta (terrorismo, genocídio etc.), normalmente não guardamos mágoas contra os vilões responsáveis por esses acontecimentos.

A pessoa magoada experimenta a ira contínua, fervendo um pouco abaixo da superfície de sua vida, uma ferida aberta e podre que, por si só, jamais será curada. Talvez permaneça adormecida por um tempo, mas, se não for drenada do seu veneno fatal pelo poder curador da cruz de Cristo, matará aos poucos, física e espiritualmente, o seu consumidor. As mágoas corrompem as fontes da vida.

Atualmente, com o predomínio de famílias chamadas "disfuncionais", quase todo mundo, mais cedo ou mais tarde, terá de lidar com a tentação da mágoa. De fato, TODAS as famílias apresentam sinais disfuncionais, pois todas elas são compostas de pessoas pecadoras.

O ensino bíblico sobre mágoas e perdão

1. **Leia Efésios 4.26,27,31.** Observe as múltiplas referências que o texto faz a expressões de ira. Depois, reflita sobre a pergunta: Qual a relação entre ira e mágoa?

A mágoa parece ser a forma crônica da ira não resolvida, a escolha de guardar a ira dentro de si e não perdoar quem causou a ofensa.

O primeiro passo para a libertação das mágoas é identificar a nossa ira. Para alguns, entretanto, não é muito "espiritual" admitir a ira. Por isso, eles usam outros termos, como "frustração", "tristeza", "decepção", para descrever o que a Bíblia identifica, sim, como "ira".

2. Como grupo, identifiquem algumas das evidências, visíveis ou invisíveis, de alguém que está com raiva.

3. Leia Efésios 4.32—5.2. O que Deus pede em todas as situações que envolvem ira crônica (mágoas)? Em outras palavras, como a vida de Cristo se manifesta em situações que revelam nossa ira?

Deus nos chama para uma vida de perdão, o mesmo tipo de perdão que Cristo nos ofereceu pela Sua morte na cruz. Só Cristo Jesus, vivo em nós, será capaz de transformar mágoas em perdão. Perdão não é a resposta natural do ser humano diante de ofensas sofridas. O perdão verdadeiro exige uma obra sobrenatural no coração humano. Irônica e hipocritamente, desejamos misericórdia para nós e justiça para os outros! Somente os que foram perdoados conseguem perdoar!

Conselheiros cristãos apontam o fato de que a raiz da ira crônica (mágoa) muitas vezes existe em nós porque não recebemos de determinada pessoa, ou não alcançamos por meio de determinada situação, aquilo que desesperadamente desejávamos. Esse desejo pode ser tão intenso que se torna um ídolo em nosso coração, um objeto de adoração, mais importante do que Deus em nossa vida. Quando nosso desejo é bloqueado por alguém, respondemos com ira, guardamos mágoas, procuramos vingança, fazemos gerar intrigas ou passamos a odiar a pessoa que nos privou daquilo que achávamos tão importante.

Se você tem mantido a ira por muito tempo contra alguém, especialmente alguém de sua família de origem ou de sua família de hoje, reflita sobre esta questão: "O que eu desejava tanto, que fulano não me deu?" Por exemplo, alguém que tenha sido rejeitado pelos pais ou pelo cônjuge pode responder: "Eu queria ser aceito". Outra pessoa pode responder: "Eu queria um pai presente, que brincasse comigo e se interessasse por mim". Ainda alguém pode dar a seguinte resposta: "Eu queria que meu marido me tratasse como uma pessoa, e não como um objeto". Talvez você tenha de reservar um tempo para refletir sobre a resposta que daria a essa pergunta.

Nossa cultura de vitimação justifica a ira e a mágoa como respostas a situações como essas. Afinal de contas, realmente somos vítimas! Uma cultura de vitimação, porém, nunca alcança a vitória ou o livramento da escravidão de mágoas. E essa civilização falha por não levar em consideração a vida de Cristo em nós — aquele que foi a maior vítima de todos os tempos. Na cruz, ele exclamou: *Pai, perdoa-lhes, pois não sabem o que fazem* (Lc 23.34).

Certamente não queremos minimizar ou negar o fato de que muitos de nós SOMOS vítimas. Mas afirmamos que, mesmo assim, somos RESPONSÁVEIS pelas nossas respostas aos maus-tratos que sofremos.

4. Leia 1Pedro 2.21-24. Como Jesus respondeu às injustiças feitas contra ele?

_____

_____

_____

A vida de Jesus em nós (Gl 2.19,20; Cl 1.27) fará com que respondamos como Jesus respondeu diante de enormes injustiças. Jesus não reivindicou seus "direitos", nunca respondeu com ira, não guardou mágoas, não quis vingança.

5. Leia outra vez Efésios 4.32. Para alguns, talvez esse seja o versículo da Bíblia mais difícil de colocar em prática. Qual a importância da última frase: como Deus vos perdoou em Cristo?

_____

_____

_____

Deus quer que perdoemos como ele mesmo nos perdoou. Este é o padrão mais alto que podemos ter. E, sem Cristo em nós, esse padrão se torna impossível de ser alcançado. As pessoas que ainda não reconheceram o verdadeiro estado do seu coração, a profundidade do seu pecado, a miséria da sua alma diante de Deus, muitas vezes têm dificuldade em perdoar outras pessoas pelos males que lhes causaram. Não entendem o tamanho da dívida da qual elas mesmas foram perdoadas por Cristo e, por isso, guardam mágoas contra outros.

6. Leia Mateus 18.21-35. Observe que a dívida do primeiro servo (dez mil talentos) seria equivalente ao peso de 260 mil a 360 mil QUILOS de ouro, ou seja, uma dívida que seria hoje de bilhões de reais, impossível de ser paga.[1] O segundo servo da parábola devia cem denários, ou seja, o salário mínimo por mais ou menos cem dias de trabalho. Note que Jesus não minimiza o fato de sermos "vítimas" da dívida de outros. Se alguém me deve o equivalente a cem dias de serviço, sua dívida é

---

[1]Dependendo da cotação do grama de ouro nos dias atuais, uma dívida de 10 mil talentos de ouro representaria hoje um valor entre 10 e 20 bilhões de reais. Se alguém pagasse 10 mil reais por mês, sem juros ou correção monetária, demoraria cerca de 200 mil anos para pagar o empréstimo!

significante, mas não pode ser comparada à dívida que tenho com Deus!

[?] Qual o sentido da parábola narrada por Jesus nesse texto?

_____
_____
_____

Jesus está ensinando a necessidade de perdão como resposta básica e automática às ofensas que recebemos. Quando realmente percebemos o tamanho da dívida que temos para com Deus, TODAS as ofensas cometidas contra nós, embora reais e difíceis de enfrentar, passam a ser diminutas. A chave está em reconhecer a própria dívida e mergulhar no amor e no perdão que o nosso Rei estendeu sobre nós.

[?] Em que sou semelhante ao servo não perdoador?

_____
_____
_____

Muitas vezes, vivo grato pelo perdão divino, mas não a ponto de perdoar os outros. Minha tendência é minimizar a minha dívida para com Deus, imaginando que sou capaz de pagá-la, quando de fato a conta é impossível de ser paga. Por isso, recuso-me a perdoar aqueles que me magoaram. Guardo a minha ira e passo para as pessoas a responsabilidade de satisfazerem meus desejos.

[?] Será que alguém que se recusa a perdoar os outros compreende realmente a miséria do próprio coração e sua dívida moral diante de Deus?

_____
_____
_____

Dificilmente alguém que guarda mágoas pode mostrar que compreende a verdadeira natureza do próprio coração. Mais uma vez vemos a necessidade de, em primeiro lugar, encarar a carência do NOSSO coração.

> **(?)** Existe alguém a quem estou responsabilizando por ter me ofendido, a quem mantenho como devedor? Guardo mágoas contra essa pessoa?
>
> _____
> _____
> _____

Sem uma profunda obra de Jesus no coração, é impossível perdoar alguém que tenha abusado de nós, nos ofendido ou machucado. Só a vida de Cristo em nós pode nos levar a perdoar de coração! Ele prometeu nos capacitar para fazer isso e muito mais! Grande graça recebida exige grande graça despendida!

7. E se a outra pessoa não pede perdão pela ofensa que infligiu contra nós? Ainda assim, é necessário perdoar? **Leia Lucas 17.3,4.** Algumas pessoas afirmam que só é necessário perdoar se o outro pedir perdão. Agora **leia Marcos 11.25.** À luz do ensino de Jesus, devo perdoar, mesmo que a outra pessoa não peça perdão?

_____
_____
_____

De acordo com os textos que estudamos, o dever daqueles que foram perdoados por Deus é perdoar, mesmo que o outro não peça perdão. Você realmente crê que Deus pode sarar as feridas que foram causadas em você na jornada da vida? Pela graça e pelo poder de Jesus, você pode confiar ao Pai aquela pessoa que fez de você uma vítima? Que tal fazer isso agora, em uma oração silenciosa?

IMPORTANTE:
Viver livre da ira e das mágoas envolve um fato
E UM PROCESSO. Muitas vezes, teremos de
chegar a um ponto culminante em que estendamos
perdão "de uma vez para sempre" a alguém que
nos ofendeu. Isso não significa que nunca mais
nos lembraremos do que aquela pessoa nos fez,
e essa lembrança pode fazer com que todas as
antigas emoções voltem como furacão.

"Perdoar e esquecer" soa melhor na teoria do que na prática. Para muitos, é impossível esquecer fatos traumáticos vividos. Mas podemos, sim, "esquecer" no sentido bíblico, quando decidimos não levar em conta as ofensas do passado. É isso que a Bíblia quer dizer quando afirma que Deus "se esquece" dos nossos pecados. Ele não deixa de ser Deus, tendo uma memória fraca. Ele decide jamais levar em conta nosso pecado (cf. Sl 103.10,12). Por isso, talvez tenhamos de passar repetidas vezes pelo processo do perdão em nosso coração, escolhendo pela fé não mais responsabilizar a pessoa pelo seu pecado, morrendo, momento após momento, para o "direito" de vingança e estendendo o amor e o perdão de Cristo.

Como já vimos, esse processo em que pregamos o evangelho a nós mesmos chama-se "renovação da mente". Precisamos também entender que o perdão não significa necessariamente que o relacionamento volta a ser o que era antes. A sabedoria bíblica sugere que uma situação de abuso emocional, físico ou sexual, por exemplo, tem de ser perdoada, sem, entretanto, haver o retorno e a sujeição a um relacionamento que, antes, se mostrou perigoso.

INSPECIONANDO A CONSTRUÇÃO

Estude a seleção "Passos para o perdão", a seguir. Você precisa perdoar alguém? Reflita sobre esses passos e, se for apropriado, compartilhe com o grupo a maneira como Deus lhe proporcionou vitória em alguma área em que você precisava perdoar alguém.

ACABAMENTO

(?) Leia a história de Amnom e Absalão, em **2Samuel 13**. Quais as evidências de ira e mágoas na família de Davi? Quais foram os resultados vividos por essa família?

_____

_____

_____

PASSOS PARA O PERDÃO

O que fazer se descubro ira e mágoa em meu coração? Os "passos para o perdão" que seguem já ajudaram muitas pessoas a encontrar alegria, paz e a liberdade da escravidão das mágoas. Lembre-se de que esses passos são somente parte de um processo. Não representam uma "fórmula mágica", mas são uma expressão de princípios bíblicos sobre o perdão. Talvez esses passos não possam ser postos em prática na ordem em que são apresentados aqui. O importante é que todos eles sejam cumpridos.

1. Identifique, especificamente, as ofensas que a outra pessoa cometeu contra você

Pensar nos fatos de maneira superficial não ajuda a identificar o problema e dificulta o processo de perdão. O problema deve ser analisado levando-se em consideração os preceitos especificamente bíblicos, e não os princípios gerais, defendidos pela maior parte das pessoas. Se for necessário, faça uma lista das atitudes e palavras que o ofenderam. Não tente registrar tudo; somente o que vem de imediato à sua mente. Trate do passado à medida que continua a viver o presente. Confie no Senhor para revelar aquilo de que você precisa se lembrar (cf. Sl 44.21). Talvez muitas emoções do passado voltem à sua mente — ira, tristezas, lamentos. Não se preocupe. Guarde sua lista por enquanto.

2. Arrependa-se do próprio pecado, confessando-o a Deus

Assim como alguém pecou contra você, provavelmente você também pecou, em resposta à ofensa recebida. Identificar essas respostas pecaminosas (por exemplo, mágoas, espírito crítico, orgulho, justiça própria, autoproteção, engano, mentira etc.) permite que você assuma responsabilidade por sua parte no problema e venha a se arrepender do seu passado. Talvez você queira fazer outra lista, mencionando as vezes em que você ofendeu a outra pessoa. O arrependimento dessas ofensas lhe dará liberdade para experimentar o perdão que Deus tornou possível na cruz.

3. Avalie o custo de não perdoar

Lembra-se da parábola do servo não perdoador? Vale a pena armazenar na mente e no coração a dívida feita por outra pessoa, quando Deus, em Cristo, cancelou completamente a dívida que você tinha por causa do pecado?

4. Veja, pela perspectiva divina, a pessoa que você está perdoando

Além de ver a pessoa como amada por Deus (cf. Jo 3.16), o que pode ajudar também é você procurar compreender as circunstâncias da vida que "moldaram" a pessoa que você precisa perdoar. Procure descobrir mais sobre sua criação, formação etc., não para desculpar a pessoa do seu pecado, mas para simpatizar com ela e entender um pouco melhor as circunstâncias que a marcaram.

5. Ore pela pessoa que você deseja perdoar

É difícil manter a ira contra uma pessoa por quem oramos com frequência.

6. Libere as ofensas que a pessoa cometeu contra você e cancele a dívida feita por ela

Este é o passo mais importante de todos. Reserve um tempo para ficar a sós com a sua lista e a sua Bíblia. Leia outra vez Mateus 18.21-35 e sonde o seu coração. Louve a Deus pelo perdão que ele providenciou por todos os pecados cometidos por você, inclusive os pecados que você cometeu contra o seu ofensor. Leia a lista das ofensas que a outra pessoa cometeu contra você e ore, estendendo perdão a cada uma delas: "Deus perdoou você por isso; eu o perdoo também". Continue cancelando da lista as palavras e os atos sobre os quais você sentir alívio. Perdoar significa relevar, liberar, cancelar uma dívida. Usar esses termos em sua oração pode ajudar.

Na cruz, quando Jesus exclamou *Está consumado* (Jo 19.30), significava "Está totalmente pago!" Escreva sobre a sua lista: "Totalmente pago".

7. *Reconstrua relacionamentos*

Talvez não seja possível voltar no tempo e reconstruir o relacionamento tal qual você tinha antes com o seu ofensor. Há, entretanto, passos concretos que podem ser dados, tanto quanto depender de você (cf. Rm 12.18), para a reconstrução do relacionamento que foi quebrado.

a. Meça o seu progresso. Mudar a outra pessoa NÃO é seu alvo. Observe as pequenas vitórias em sua vida, a maneira como você a trata, como você fala com ela, o que faz para manter o equilíbrio e o autocontrole quando lida com ela.

b. Escreva uma carta. Se for conveniente, você pode expressar o perdão que estendeu à pessoa, com uma confissão dos próprios pecados. Mas tome cuidado com aquilo que é escrito. Muitas vezes, é melhor falar pessoalmente com a pessoa e, mesmo assim, é necessário usar de bom senso.

c. Enterre debaixo de um arbusto ou de uma pequena árvore a lista de queixas que você tinha contra aquela pessoa. Isso servirá como lembrança visual: assim como aquela árvore cresce, seu perdão também aumenta.

d. Abra meios de comunicação. Seja por carta, *e-mail*, telefone ou "cara a cara", ore antes de retomar o contato com aquela pessoa. Seu alvo será falar a verdade em amor, pedir perdão, expressar amor e encorajá-la. Se, depois de todos os seus esforços, você não alcançar o resultado que esperava, procure terminar o caso graciosamente, sem ira. Se for possível, procure orar com a pessoa.

e. Estabeleça fronteiras (limites) onde for preciso. Perdão não significa necessariamente que todo o relacionamento voltará a ser o que era antes. Se a outra pessoa não quiser reconhecer seu pecado e se arrepender, talvez a reconciliação não seja possível. Continue livre de mágoas, pronto para perdoar *até setenta vezes sete* (Mt 18.22). Para isso, talvez você tenha de traçar limites no relacionamento.

f. Seja paciente. *E não nos cansemos de fazer o bem, pois, se não desistirmos, colheremos no tempo certo* (Gl 6.9).

LIÇÃO 11

Descontrole financeiro

> **Princípio de construção**
>
> *O amor ao dinheiro provoca descontrole financeiro, que precisa ser erradicado pelo contentamento que existe em Cristo Jesus.*

■ Objetivos do estudo

Como resultado deste estudo, os membros do grupo devem ser capazes de:

- Identificar influências históricas, culturais e pessoais que moldaram sua maneira de agir com as finanças.
- Reconhecer o perigo que o amor ao dinheiro representa para a família e para a sua saúde financeira.
- Traçar princípios bíblicos que contradizem a postura financeira pós-moderna.

Sugestões didáticas:

Tenha cuidado para que a pesquisa feita na primeira pergunta não se torne um "campo de batalha" entre os casais. Esteja pronto para ajudar ou buscar ajuda para os casais que apresentem problemas ou conflitos mais sérios na área financeira.

A maior parte desta lição será um estudo indutivo (texto por texto) dos versículos bíblicos que tratam de questões financeiras. O facilitador terá de moderar essa discussão para que o grupo não se demore demais em nenhum dos textos, mas procure extrair deles os princípios práticos para a vida financeira da família.

TERRAPLENAGEM

Dúvidas reais

- MATERIAL NECESSÁRIO: Folhas de papel e lápis.

- PROCEDIMENTO: Esta pequena prova verificará o conhecimento que os integrantes do grupo têm na área de finanças, especialmente quanto à história da moeda brasileira. O líder deve ler cada pergunta e reservar alguns instantes para que os membros do grupo anotem suas respostas. No final, ele pode apresentar as respostas, corrigir as "provas" e dar um prêmio (quem sabe, uma antiga moeda de cruzeiro!) para quem tiver acertado o maior número de respostas. (As respostas estão no final da lição.)[1]

1. Quantas vezes a moeda brasileira teve o seu nome mudado desde 1942?

   _____

2. Quais são esses nomes?

   _____
   _____

3. Qual a denominação aplicada à moeda brasileira pelo tempo mais curto?

   a) Cruzado   b) Cruzado novo
   c) Cruzeiro   d) Cruzeiro real

---

[1] Informações no *site* da Universidade Federal de Uberlândia: *Histórico das alterações na moeda brasileira desde 1942*: http://www.cebinet.com.br/pessoais/escada/frcuriosidades03.htm

4. Quando houve a conversão do cruzeiro real para real, quanto valia um milhão de cruzeiros reais?

   a) 100.000 reais   b) 50.023 reais
   c) 2.537 reais   d) 363 reais

5. Quantas vezes, desde 1942, o "centavo" foi extinto pela lei brasileira?

FIRMANDO ALICERCES

Compartilhe suas dúvidas e conclusões diante da leitura do texto "Passos para o perdão". Alguém no grupo está disposto a compartilhar suas reações ou experiência pessoal com esse processo? E o resultado de sua experiência, qual foi?

ERGUENDO PAREDES

Atualmente, um dos principais problemas na família é o caos financeiro. Dívidas insuportáveis, conflitos conjugais sobre o uso do dinheiro, desemprego, crises, pressão da mídia, consumismo, materialismo e muito mais produzem um ambiente hostil à família cristã que quer manter a estabilidade financeira. Outro livro desta série — *15 lições para transformar seu casamento* — trata de muitas dessas questões. Esta lição procurará desmascarar os ídolos escondidos em nosso coração e que nos seduzem à irresponsabilidade financeira.

Lidando com as finanças

Muitas vezes, a maneira pela qual nossa família de origem encarou e usou o dinheiro durante nossa infância tem influência direta na forma como lidamos com as finanças hoje, como adultos. Outro campo de batalha inesperado entre o marido e a esposa podem ser as diferenças em sua criação. Precisamos reconhecer a influência que esses padrões de comportamento, profundamente gravados em nossa vida, ainda exercem em nosso coração. Diante das prioridades financeiras, as famílias precisam tomar decisões conscientes baseadas na perspectiva eterna de Deus, e não nas respostas condicionadas pela família de origem.

1. Como casais, preencham esta pesquisa para poder entender melhor como sua família de origem enfrentava as questões financeiras. Os dois cônjuges devem responder à pesquisa. A esposa pode colocar um círculo em volta da sua resposta, e o marido, um quadrado na resposta que ele preferir. Depois, comparem as respostas.

    a. Quem fazia o movimento bancário em sua família?
        ☐ o pai   ☐ a mãe   ☐ ambos

    b. Sua família mantinha um orçamento cuidadosamente controlado?
        ☐ sim   ☐ não   ☐ não sei

    c. Sua família costumava empregar dinheiro em um período de férias a cada ano?
        ☐ sim   ☐ não   ☐ não sei

    d. Sua família discutia muito sobre questões financeiras?
        ☐ sim   ☐ não   ☐ não sei

    e. Sua família comia fora (em restaurantes) com frequência (mais de uma vez por semana)?
        ☐ sim   ☐ não   ☐ não sei

    f. Sua mãe conhecia os detalhes importantes das finanças da família?
        ☐ sim   ☐ não   ☐ não sei

    g. Sua família era fiel em suas contribuições financeiras para a igreja ou para outro órgão filantrópico?
        ☐ sim   ☐ não   ☐ não sei

h. Sua mãe precisava trabalhar fora do lar?

☐ sim ☐ não ☐ não sei

2. Até que ponto sua criação está influenciando suas atitudes sobre o dinheiro, sobre o trabalho, sobre dívidas etc?

_____
_____
_____
_____

3. Como casal, vocês conseguem citar algumas das dificuldades que já experimentaram, em termos de postura financeira, por causa de suas raízes familiares?

_____
_____
_____
_____

ATENÇÃO: Mais importante do que algumas questões sobre a disciplina financeira é a questão da unidade conjugal (cf. Gn 2.24). Se não conseguirem chegar a um acordo sobre finanças, não permitam que esta lição aumente algum conflito já existente entre vocês por causa do assunto. Uma frente unida nesta área, assim como na criação de filhos, valerá mais do que adotar um "sistema" que pode causar conflitos na família.

O coração da questão

Dinheiro desmascara o coração. Não importa o fator principal que tenha moldado nossa postura financeira — a família de origem, a mídia, a própria cobiça. Como nos sentimos sobre o dinheiro talvez fale mais sobre nós do que qualquer outra coisa.

4. Leia os textos a seguir e anote a importância que a Bíblia dá ao dinheiro como revelador dos corações:

Mateus 6.19-24

_____
_____
_____

1Timóteo 6.10

_____
_____
_____

5. Reconhecendo que Deus pode moldar nosso coração enquanto revela para nós os motivos e pensamentos mais íntimos que nele se encontram (cf. Hb 4.12,13), preencha o seguinte quadro com os princípios e/ou as implicações que podem ser encontrados em cada texto bíblico. (O grupo deve ler cada texto e conversar sobre esses princípios e suas implicações práticas.)[2]

Questão financeira	O que Deus diz	Princípio/ implicações
Fonte de segurança	(1Tm 6.17-19)	
Contentamento	(Hb 13.5) (1Tm 6.6-8)	
Avareza	(1Tm 6.9,10)	
Dívida	(Pv 22.7) (Rm 13.8)	

[2]Parte deste quadro são ideias tomadas de publicações do dr. Wayne Mack.

Conflitos financeiros	(Tg 4.1-4)	
Ansiedade (desemprego etc.)	(Mt 6.25-34)	
Crises (acidentes, contas inesperadas etc.)	(Fp 4.10-12)	
Decisões financeiras	(Gn 2.24) (Mt 6.33) (Pv 3.5,6)	
Fiança	(Pv 22.26,27) (Pv 6.1-5) (Pv 11.15)	
Contribuição	(Pv 3.9,10) (1Co 16.1,2)	
Trabalho e descanso	(Sl 127.1,2) (2Ts 3.10) (Pv 21.5)	
Atitude para com os pobres	(Pv 11.24-26) (Pv 14.21,31)	

À luz dos princípios estudados, a família pode estabelecer uma visão bíblica para o uso do dinheiro e daquilo que possui em termos financeiros. Mateus 6.33 tem a palavra final que dita a perspectiva que a família cristã deve adotar, embora, para famílias diferentes, os detalhes sejam diversos no dia a dia.

Nossa primeira preocupação deve ser o reino de Deus. Se, como resultado desta lição, você descobriu atitudes ou práticas não bíblicas e/ou mundanas em sua vida, Deus quer que você se arrependa e adote um novo estilo de vida que reflita sua prioridade eterna.

Ele possibilitará a mudança permanente à medida que você confiar nEle para capacitá-lo e fortalecê-lo em suas decisões financeiras diárias.

INSPECIONANDO A CONSTRUÇÃO

? Leia o texto "Menos é mais", a seguir. Até que ponto sua família tem enfrentado uma vida difícil nessa área? Onde vocês poderiam simplificar as coisas? Como direcionar melhor a sua visão para o reino de Deus?

_____
_____

ACABAMENTO

? Se sua família nunca planejou e avaliou seus gastos para manter maior controle sobre suas finanças, pense na possibilidade de fazer um teste de dois ou três meses. Em um pequeno caderno, anotem tudo o que vocês gastarem nesse período. Depois, somem os resultados, verificando em que foi gasto o dinheiro da família. Avaliem suas entradas e saídas. Seus gastos refletem suas prioridades como família, ou estão fora de controle? Preparem um orçamento para ajudar a controlar as finanças no futuro.

_____
_____

MENOS É MAIS

Na leitura dos Evangelhos, notamos um aspecto da vida de Jesus que chama muito a nossa atenção: sua simplicidade. Para poder ministrar, ensinar e cuidar das pessoas que o seguiam, Jesus não se deixava tomar de preocupações. Denotava ser uma pessoa com tranquilidade de espírito. Era diferente de nós, que andamos tão sobrecarregados de apreensões, envolvidos com coisas, negócios e correria que nos levam ao estresse. Jesus fazia o que o autor da carta aos Hebreus recomenda: ... *depois de eliminar tudo que nos impede de prosseguir [...], corramos com perseverança a corrida que nos está proposta* (12.1). Na vida de Jesus, menos era mais.

Sua vida parece ser um estresse só? Você está sempre exausto? Sente que nunca para de dar voltas na roda-viva? Não tem mais energia ou vontade de servir ao Senhor? Acha que sua vida está complicada demais? Ouça o que Deus diz sobre uma vida mais simples, não somente no sentido material/financeiro, mas em vários aspectos do dia a dia. Tome providências para tirar alguns pesos que o impedem de ter uma vida mais focalizada no reino de Deus.

Menos correria e mais Cristo (Lc 10.38-42)

Na escala de valores divinos, Maria escolheu o melhor. Escolheu Cristo em lugar da correria. Marta queria fazer mais PARA Cristo. Maria queria mais DE Cristo. Marta ficava exausta porque ministrava na própria força. Perdeu de vista o alvo do seu serviço, que era Jesus. Jesus Cristo estava na sua sala de estar, e ela não parava de descascar batatas e lavar panelas!

Como se não bastasse, Marta, como tantas pessoas ativistas, olhava ao seu redor, fazia comparações e exigia que sua irmã fosse igual a ela. Criticava Maria e criticava o próprio Senhor Jesus! Acusou-o de não se preocupar com ela. Mostrou-se uma mulher intolerante, impaciente, inquieta, insatisfeita. Pessoas que ocupam todo o seu tempo "no serviço do Senhor", mas que esquecem o Senhor do serviço, muitas vezes acabam assim. Demandam mais e mais dos outros. Mostram-se inquietas, intolerantes e impacientes.

Jesus nunca exigiu uma vida frenética. Marta insistia em manter uma vida "doida", mas Jesus não permitiria que ela tirasse de Maria o que era o melhor: estar aos pés do Mestre. Ele falou com carinho para sua amiga ativista: *Marta, Marta, estás ansiosa e preocupada com muitas coisas; mas uma só é necessária; e Maria escolheu a boa parte, e esta não lhe será tirada* (Lc 10.41,42).

Para Jesus, menos era mais. É tão fácil, na obra do Senhor, esquecer-se do Senhor da obra! Perder nossa perspectiva, nosso rumo, tornar a obra um deus para nós. O trabalho do Senhor, no entanto, começa com o Senhor! Comunhão com Jesus é o ponto de partida para fazer a obra de Jesus. Conhecer a Cristo é essencial para saber o que Cristo quer que façamos. Se não procedermos desta maneira, acabaremos indo para todas as direções, sem chegar a lugar nenhum!

Hoje você é mais como Marta ou como Maria? Será que Jesus Cristo está esperando na sua sala de estar e você está lavando panelas? Será que você corre como um louco no serviço do Senhor, mas tem se esquecido do Senhor? Perdeu aquela comunhão gostosa com ele? Não tem mais conversado com ele? Não O tem adorado realmente? Tem se esquecido de se sentar aos Seus pés? Você perdeu sua alegria? Anda tão ocupado que passa o tempo olhando ao seu redor, criticando seus colegas, seus irmãos, reclamando, exigindo aplauso e reconhecimento? Marta era assim, mas Jesus nos ensina: Menos é mais. Sirva-me, mas conheça-me primeiro. Um espírito frenético e descontrolado não ministra a ninguém.

Ao mesmo tempo que sugerimos menos correria e mais Cristo, existe um segundo "menos" baseado nesse mesmo texto:

Menos livros e mais do LIVRO (v. Ec 12.9-14)

Nas últimas décadas, temos visto uma verdadeira explosão na produção de livros evangélicos no Brasil. Existem atualmente centenas de excelentes livros no mercado. Devemos usá-los. Devemos desfrutar deles. Mas há um perigo muito grande. Podemos correr para livro após livro antes de ir AO LIVRO.

"O pregador", autor de Eclesiastes, escrevia livros — sob inspiração divina (Provérbios, Eclesiastes e Cântico dos Cânticos). Ele, porém, sabia que os livros humanos têm seu limite (cf. 12.12). Por isso, ele voltou às bases e se dedicou mais ao conhecimento de Deus do que ao intelectualismo.

Em 1Pedro 2.2, vemos o conselho do apóstolo: *desejai o puro leite espiritual, como bebês recém-nascidos, a fim de crescerdes, por meio dele para a salvação.*

Em Mateus 4.4, lemos: *Nem só de pão o homem viverá, mas de toda palavra que sai da boca de Deus.* Também em Josué 1.8, o Senhor aconselha: *Não afastes de tua boca o livro desta lei, antes medita nele dia e noite...*

Dwight L. Moody afirmou com convicção: "Este livro me fará evitar o pecado ou o pecado me fará evitar este livro". Você tem desviado sua atenção do Livro para muitos livros? Tem se concentrado na Palavra de Deus ou nas palavras de homens? Que tal simplificar sua vida com o retorno ao essencial: a leitura diária da Palavra de Deus?

Menos para coisas e mais para a causa (Lc 12.13-34)

Acumulamos em nossa vida coisas que não passam de lixo no esquema eterno. Sentimo-nos estressados, exaustos, estrangulados, ficamos endividados, tudo para manter um padrão de vida muitas vezes acima daquilo que Deus espera de nós.

Certa vez, um homem de negócios americano foi passar férias no México. Encontrou um pescador à margem de um rio. O pescador tinha fisgado vários peixes grandes. Impressionado com aquilo, o americano sugeriu que o pescador usasse mais de uma vara para que pudesse pegar mais peixes.

— Por quê? — perguntou o mexicano.

— Assim, você poderá vender os peixes na vila — respondeu o visitante.

— Por quê? — o pescador indagou.

— Para poder ter lucro e comprar mais equipamento, talvez um barco e uma rede — aconselhou o americano.

— Por quê? — veio a nova pergunta.

— Para contratar uma equipe de pescadores, entrar em alto-mar, abrir uma fábrica e exportar peixes — sugeriu o empresário.

— Mas por quê?

— Para poder ganhar muito dinheiro, aposentar-se, comprar uma casa ao lado de um belo rio e fazer o que você quiser o dia inteiro — respondeu o capitalista, já frustrado.

— Mas é isso o que estou fazendo agora! — retornou o mexicano.

Em Lucas 12.13-23, Jesus mostra que, quanto mais possuímos, mais somos possuídos pelas nossas posses. Quanto mais se tem, maior é a preocupação para se manter os bens! Em Provérbios 13.8, Salomão diz: *O resgate pela vida do homem são as suas riquezas, mas o pobre não tem meios para se resgatar.*

Será que existem áreas em que podemos simplificar nossa vida, eliminar situações que nos distraem e nos fazem esquecer do reino? Situações que nos causam estresse? Que complicam demais o nosso dia?

Na verdade, menos pode ser mais quando estamos focalizados em Cristo. Paulo repete esse conceito em Filipenses: *Irmãos, não penso que eu mesmo já o tenha alcançado; mas faço o seguinte: esquecendo-me das coisas que ficaram para trás e avançando para as que estão adiante, prossigo para o alvo, pelo prêmio do chamado celestial de Deus em Cristo Jesus* (3.13,14).

Respostas às perguntas da Terraplenagem:

1. Quantas vezes a moeda brasileira teve o seu nome mudado desde 1942? **Oito vezes.**
2. Quais são esses nomes? **Cruzeiro, cruzeiro novo, cruzeiro, cruzado, cruzado novo, cruzeiro, cruzeiro real, real.**
3. Qual a denominação aplicada à moeda brasileira pelo tempo mais curto? **d) cruzeiro real (1/08/93 a 30/08/94).**
4. Quando houve a conversão do cruzeiro real para real, quanto valia um milhão de cruzeiros reais? **d) 363 reais (o "câmbio" era de CR$ 2.750,00/R$ 1,00).**
5. Quantas vezes, desde 1942, o "centavo" foi extinto pela lei brasileira? **Duas. Em 1964 e em 1984. (Em 2004, os centavos voltaram a ser inseridos na moeda brasileira.)**

LIÇÃO 12

Sexualidade

> PRINCÍPIO DE CONSTRUÇÃO
>
> *O relacionamento sexual sadio do casal casado manifesta o "outrocentrismo", que é a vida de Cristo em nós.*

▪ Objetivos do estudo

Como resultado deste estudo, os membros do grupo devem ser capazes de:

- Identificar as raízes da tentação sexual no coração humano.
- Abraçar os respectivos papéis de marido e esposa na resolução de desencontros sexuais.
- Adotar padrões de pureza sexual que facilitarão a luta contra as dificuldades sexuais.

Sugestões didáticas:

Obviamente, o conteúdo desta lição requer sensibilidade, tato, discrição e bom senso. Seja delicado ao tratar de assuntos que podem constranger. Tome cuidado para que ninguém compartilhe algo que possa ser ofensivo ou machucar alguém do grupo, especialmente o cônjuge de quem está dividindo a experiência.

Esta é a lição mais extensa do livro. Talvez, como facilitador, você queira dividi-la em duas. Tenha cuidado para não perder o principal enfoque da lição: a tentação sexual.

Lembre-se de trabalhar com o coração da questão, o que muitas vezes passa despercebido quando lidamos com problemas superficiais. Queremos chegar ao cerne do assunto, desmascarar os ídolos que muitas vezes causam as aberrações e dificuldades sexuais entre um casal.

TERRAPLENAGEM

Obras de arte

- MATERIAL NECESSÁRIO: Pequenos papéis dobrados para serem sorteados, com os nomes dos integrantes do grupo; lápis de cera, canetas ou lápis preto; papel sulfite.

  Efésios 2.10 afirma que *fomos feitos* por Deus — a expressão inclui a ideia de "obra de arte". Nesta atividade, os membros do grupo vão encorajar um ao outro, identificando uma área em que a graça de Deus torna o seu companheiro de dupla uma "obra de arte". Ao mesmo tempo, podem testar o conhecimento que têm dos outros membros do grupo.

- PROCEDIMENTO: Cada participante deve sortear um nome (um "amigo secreto"), tomando cuidado para que não seja o próprio nome, e mantendo-o em segredo. Entregue uma folha de sulfite a cada um, junto com lápis ou caneta. Cada pessoa deve desenhar uma "obra de arte": um objeto ou figura que, de algum modo, expresse um ou mais aspectos que vê destacados na vida do "amigo secreto". Por exemplo, pode-se desenhar uma ferramenta para quem tem o dom de serviço, uma caneta para quem se destaca como escritor, uma vara de pescar para quem é um evangelista nato, "pescador de homens".

  Quando todos terminarem, o grupo deve se reunir em círculo. Um de cada vez, os participantes mostrarão sua "obra de arte" para ver quem consegue identificar a pessoa nela representada. Aquele que fez o desenho deve identificar a pessoa e explicar o que tentou ilustrar. No final da atividade, todos podem assinar e entregar as "obras de arte" às pessoas nelas identificadas.

FIRMANDO ALICERCES

(?) Compartilhe suas conclusões na leitura do texto "Menos é mais". Como vocês poderiam simplificar e melhorar sua vida?

_____

_____

_____

ERGUENDO PAREDES

Os especialistas em aconselhamento familiar muitas vezes citam três tempestades principais que afligem o lar: comunicação, finanças e sexualidade. Esta lição focaliza a última: as tempestades sexuais.

Foi Deus quem criou o sexo. Como "inventor" dessa área, ele também sabe como ela funciona melhor. Conhece os principais perigos enfrentados em questões sexuais e nos adverte contra esses perigos no "Manual do fabricante", a Palavra de Deus. Só um tolo ignora esses padrões.

Podemos encarar sob dois aspectos a luta contra a carne em áreas sexuais — dois lados da mesma moeda: sensualidade e tentação.

Sensualidade

A palavra "sensualidade" vem do latim, *sensus*, ou seja, "sentido". Segundo o dicionário, significa "o que pertence a ou consiste em gratificar os sentidos, ou a satisfação de apetite; carnal; devotado a ou preocupado com os sentidos ou apetite".

Tanto os homens quanto as mulheres podem ser "sensuais", embora na nossa cultura o termo seja empregado referindo-se mais às mulheres.

1. Para o cristão, que vive uma realidade além do superficial e externo, qual o problema com a sensualidade?

A sensualidade volta-se simplesmente para o exterior. Chama a atenção para o que está do lado de fora, e que não representa o verdadeiro "eu". Como já vimos em várias lições, Deus está mais preocupado com o "homem interior", o verdadeiro "eu".

2. Leia 1João 2.15-17. Como o nosso mundo apela para esse lado "sensual" e qual o perigo que existe nisso em termos do coração humano? Quais as implicações envolvidas nessa área da vida sexual?

Nosso mundo está obcecado pelo sexo e tudo o que pertence aos sentidos, mas muitas vezes as pessoas se escondem por trás disso para não terem de lidar com o coração. O "sensual" é gratificante, mas extremamente transitório e incapaz de satisfazer por muito tempo. Precisamos cultivar o amor a Deus e sua vontade em nossa vida, e não o amor ao mundo e às coisas simplesmente sensuais.

3. Leia 1Pedro 3.3,4. Qual deve ser a ênfase das mulheres no traje e no comportamento: o exterior ou o interior? Isso significa que as mulheres não devem se vestir bem, usar joias, maquiagem, arrumar o cabelo? Como encontrar o equilíbrio entre o *enfeite exterior e o íntimo do coração, com um espírito gentil e tranquilo, que não perece e tem muito valor diante de Deus?*

Mulheres piedosas devem ser atraentes pelo caráter moldado por Cristo, e não pelos enfeites exteriores e superficiais. A questão parece estar na ênfase que é dada à beleza exterior *versus* beleza interior. Não é preciso descuidar da aparência, mas usar de cuidado maior com o caráter (cf. Pv 31.22, onde a mulher virtuosa também se apresenta com a beleza exterior que "combina" com as virtudes interiores).

4. A igreja é o corpo de Cristo. Como corpo, somos membros uns dos outros (cf. 1Co 12.20). Expressamos a mutualidade de uma família quando cuidamos da pureza sexual uns dos outros. Pelo bem do reino de Deus e da causa de Cristo, tanto as mulheres quanto os homens poderiam ajudar-se mutuamente na luta contra a sensualidade e tentação sexual. Como? Para responder a essa pergunta, talvez o grupo possa ser dividido em dois: homens e mulheres. Depois, voltando ao grande grupo, os resultados podem ser compartilhados.

⁇ O que as mulheres podem fazer (ou deixar de fazer) para ajudar os homens nessa luta?

_____
_____
_____
_____

⁇ O que os homens podem fazer (ou deixar de fazer)?

_____
_____
_____

Tentação sexual

A sensualidade encontra sua parceira predileta na cobiça arraigada no coração do homem. Podemos considerar ambas — sensualidade e cobiça — como manifestações de um grande ídolo que reina no coração: o ego. A sensualidade apela para a cobiça, que alimenta os desejos para gratificar o ego. Infelizmente, nossa cultura alimenta essas facetas do caráter, a ponto de muitos cristãos acharem "normal" uma vida sexual totalmente egoísta e sensual e que foge completamente aos padrões divinos para a sexualidade sadia.

5. Leia Mateus 5.27,28. Onde esse texto clássico sobre o adultério revela estar a raiz do problema?

_____
_____
_____

6. Durante séculos e de muitas maneiras, homens e mulheres procuraram fugir da tentação sexual. Afastaram-se da civilização como eremitas, reuniram-se em mosteiros e conventos e até castraram-se, na tentativa de vencer a sensualidade. Que problemas foram enfrentados em todas essas tentativas de resolver a questão?

_____
_____
_____

Quando tentamos controlar desejos interiores com disciplinas externas, inevitavelmente nossa tentativa falha. É claro que disciplinas que nos ajudam a não fazer provisão para a carne (Rm 13.14) podem auxiliar. Entretanto, não podemos atacar o problema apenas pelo lado de fora. Jesus identificou-o como nascendo no coração. Mesmo uma retirada para longe das tentações, assim como os eremitas faziam, não basta. Bem diz o dito: "Aonde eu for, eu me levo comigo!" Esse é o problema.

7. Leia com bastante atenção o remédio radical que Jesus receita em **Mateus 5.29,30.** Observe a frase *Se o teu* _____ *te faz tropeçar...* Jesus deixa claro que é melhor sofrer danos físicos do que danos espirituais causados pelo pecado.

Mas será que ele realmente quer que cortemos os membros do nosso corpo? Afinal de contas, o que nos FAZ pecar? A mão? O olho? Ou o coração? Qual é a implicação disso, conforme Ezequiel 36.26,27?

_____

_____

_____

Lendo nas entrelinhas, a recomendação de Jesus é: "Se o seu coração o fizer pecar, arranque-o e lance-o fora!" O que mais precisamos é de um transplante de coração, o mesmo associado com a nova aliança entre Deus e Israel e, por extensão, com a igreja.

Se existe uma área em nossa vida em que precisamos depender de Cristo, diariamente e momento após momento, é a área da pureza sexual. Em um instante de descuido, o bombardeio constante nessa área pode atingir a vida de qualquer um. Por isso, precisamos não somente de um novo coração, mas também da renovação do nosso coração.

8. Complete o quadro a seguir com observações ou aplicações sobre os perigos sexuais apresentados no texto:

Texto	Observação ou aplicação sobre perigos sexuais
Provérbios 5.8	
1Coríntios 6.18-20	
1Tessalonicenses 4.3-8	
Efésios 5.1-5	

9. Leia Gálatas 5.16-21 e responda a estas perguntas:

(?) Qual o remédio para nunca satisfazer os desejos da carne? O que isso significa?

_____
_____
_____

Quando vivemos pelo Espírito, vivemos na dependência do Espírito de Deus para nos capacitar, satisfazer e conduzir. Vivemos de sobreaviso contra a carne e humildemente dependentes de Deus, momento após momento.

(?) Conforme o texto revela, é fácil lidar com a carne?

_____
_____
_____

Temos de entender que enfrentar a tentação sexual significa uma luta entre a carne e o Espírito. Estes são totalmente antagônicos e, por isso, inimigos mortais.

(?) Da lista de obras da carne, quais são as voltadas para a sexualidade (cf. v. 19-21)?

_____
_____
_____

Quando Paulo fala que as pessoas que praticam essas coisas não herdarão o reino de Deus, podemos entender que aí estão dois argumentos: primeiro, se as pessoas que vão para o inferno fazem tudo isso, os cristãos não devem participar com elas dessas práticas; segundo, quem pratica (como hábito) essas coisas evidencia que talvez nunca tenha sido verdadeiramente convertido.

10. Leia 1Coríntios 7.1-5. Quais os princípios destacados por Paulo nesse texto para uma vida sexual saudável? Note especialmente o "outrocentrismo" (v. 3) na intimidade do casal, que reflete a vida de Cristo em nós. (Veja o texto final desta lição, que apresenta um desenvolvimento maior para o tema.)

_____
_____
_____
_____

Leia 1Timóteo 3.1,2, onde Deus começa a esboçar as qualidades dos líderes espirituais da igreja. Eles precisam ser "irrepreensíveis" — não perfeitos, mas sem nenhuma área de sua vida que possa ser acusada e que resulte em danos para o testemunho da igreja.

Depois de "irrepreensível", a próxima qualificação para o líder espiritual da igreja é que ele seja *marido de uma só mulher*. A ênfase está na palavra "UMA" — "de UMA só mulher, marido" seria uma tradução literal. Muito mais que uma ênfase em seu comportamento exterior, a expressão tem uma mensagem positiva. Designa um homem totalmente dedicado à sua esposa. Não pode ser considerado um "garanhão" ou um *playboy*.

É interessante observar que uma expressão paralela foi usada com referência às viúvas qualificadas para receberem ajuda financeira da igreja. A viúva beneficiada tinha de ter sido *mulher de um só marido* (v. 1Tm 5.9).

11. Quais as evidências positivas e negativas de que alguém (um homem ou uma mulher) está totalmente comprometido com o seu cônjuge? Veja algumas ideias no quadro que segue e comente-as com o grupo. Você pode pensar em outras evidências para completar a lista?

_____
_____
_____

Evidências positivas de dedicação ao cônjuge	Evidências negativas de falta de dedicação ao cônjuge
Afeição natural entre cônjuges.	Olhos que "vagueiam".
Amizade profunda entre o casal.	Fantasias sexuais.
Disciplina e propósito no entretenimento.	Pornografia em todas as formas.
Diálogo sobre a vida sexual.	Piadas inapropriadas.
Louvor espontâneo e natural dos cônjuges.	Entretenimento implícita ou explicitamente sensual.
Fuga da tentação em todas as formas.	Insatisfação sexual em casa.
Transparência sábia entre o marido e a esposa sobre as tentações sexuais.	Crítica pública e inapropriada do cônjuge.
Vida sexual dinâmica e sadia em casa.	Flerte
Mutualidade em relações sexuais, em que cada um se preocupa mais com o bem-estar do outro.	Toques inapropriados em uma pessoa do sexo oposto.
Celebrações naturais do casamento ao longo da vida.	Insistência em práticas sexuais que humilham o cônjuge.

INSPECIONANDO A CONSTRUÇÃO

Leia o texto "Casamento, sexo e celibato". Destaque pelo menos duas das ideias expostas no texto que marcam sua vida e esteja pronto para explicar ao grupo o porquê.

ACABAMENTO

No quadro a seguir, estude o texto bíblico e anote algumas aplicações práticas que podem ajudar na luta contra a sensualidade e a tentação sexual.

Texto	Aplicação
(Jó 31.1)	
(Sl 101)	
(Sl 119.9,11)	
(Pv 5.15-19)	
(Mt 5.18,19)	
(Tg 5.16)	

CASAMENTO, SEXO E CELIBATO[1]

Vivemos dias de extrema tensão sexual. A sensualidade, a imoralidade e a instabilidade sexual marcam o nosso mundo. Ao mesmo tempo, muitas vezes a igreja hesita em pregar sobre essa área em que o mundo grita por uma sexualidade desenfreada e deturpada.

Situação semelhante existia na igreja de Corinto, que vivia um clima sexual "esquizofrênico". Como a nossa, aquela era uma cultura extremamente sensual. As religiões falsas, idólatras e demoníacas da cidade promoviam a prostituição cultual como forma de adoração aos ídolos. Reinavam o sexo livre, a prostituição, a homossexualidade e tudo o mais. O nome da cidade, Corinto, foi transformado

---

[1]Felipe Hirata colaborou na elaboração deste texto.

em um verbo para descrever a perversão moral: corintizar, que significava "debochar".

Por outro lado, na cidade de Corinto havia um grupo de cristãos salvos, de excelente moral, resgatados do lamaçal sexual e que repudiavam a velha vida. Alguns desses coríntios, porém, corriam o risco de levar o pêndulo dos desvios sexuais para o outro lado. Estavam tendendo para um asceticismo que menosprezava a relação sexual, mesmo entre os casados. Reagiam contra os abusos sexuais da cultura e corriam o risco de desprezar algo que Deus criou para o homem, algo bom, puro e santo.

O capítulo 7 de 1Coríntios foi escrito para corrigir essas tendências desequilibradas, pois os leitores tinham dúvidas sobre uma sexualidade sadia em uma cultura pervertida.

O casamento visa evitar a imoralidade e servir ao reino de Deus

Paulo diz que devemos procurar meios legítimos para resolver desejos sexuais. Em 1Coríntios 6.18, ele fala que devemos fugir da imoralidade. Aqui o apóstolo revela que devemos fugir PARA o casamento.

Deus nos apresenta o casamento como a única expressão legítima, pura e santa da nossa sexualidade. *Sejam honrados entre todos o matrimônio e a pureza do leito conjugal* [literalmente, o coito]; *pois Deus julgará os imorais e adúlteros* (Hb 13.4).

Foi Deus quem criou o sexo. Ao contrário da opinião popular, Ele não é um velho mal-humorado no céu, querendo fazer chover no nosso "piquenique sexual". Pode ter certeza de que Ele tem um plano para o relacionamento sexual. Aqui aprendemos que o sexo não existe apenas para a procriação. Nele há também o propósito da gratificação, da satisfação, da realização — o prazer.

É impressionante como o inimigo, Satanás, perverte tudo o que é bom. Ele tenta estragar os melhores presentes que Deus nos dá. Usa os dons espirituais para dividir igrejas. Utiliza a música para separar os mais jovens dos mais velhos. Usa o sexo ilícito e descontrolado para ofuscar a imagem de Deus e causar a culpa, a doença e o ressentimento.

Para evitar aberrações sexuais, e principalmente para não prejudicar o testemunho da igreja e do reino, Paulo recomenda o casamento. O CASAMENTO NÃO É UM FIM EM SI, MAS UM MEIO PARA PROMOVER UM FIM, A GLÓRIA DE DEUS PELA EXPANSÃO DO SEU REINO. O que justifica o casamento aqui é o melhor serviço ao reino de Deus, sem distrações, sem perversões, sem impureza. Case-se, não somente para satisfazer seus desejos sexuais, mas para poder servir ao reino sem distrações. A ênfase não está tanto nos direitos, mas nas responsabilidades. Não que eu exija meu direito ao corpo do cônjuge, mas assumo a responsabilidade de usar meu corpo para agradá-lo. (Repare na igualdade inédita entre o marido e a esposa em termos sexuais. Ambos têm a mesma responsabilidade.) Quando casamos, entramos em uma aliança que tem como uma das suas condições o compromisso de fazer tudo o que for possível para satisfazer os desejos sexuais legítimos do outro. Isso faz parte da aliança, e, quando não satisfazemos regularmente os desejos do nosso cônjuge, estamos ferindo essa aliança.

O casamento requer mutualidade sexual

Caso restasse alguma dúvida para os coríntios, Paulo levantou mais uma situação ligada ao casamento, ao sexo e ao celibato. Casamento não é para todos. Casamento é bom quando significa que poderemos estar mais focalizados no reino. Existia uma opção que precisava ser vetada: o celibato dentro do casamento! Com raríssimas exceções, o celibato dentro do casamento é pecado!

Em 1Coríntios 7.3-5, Paulo lida com outro problema: desencontros e disfunções sexuais dentro do próprio casamento. Ele deixa claro que o celibato dentro do casamento é um desvio do plano de Deus, talvez mais difícil de ser encarado do que os desejos sexuais do solteiro sem uma expressão legítima. O casado está diante de um manancial, morrendo de sede, sem poder beber. É uma miragem. Essa situação pode ser insuportável, explorada por Satanás para danificar o testemunho e o ministério do reino!

1. A ordem — *O marido cumpra a sua responsabilidade conjugal para com sua mulher...* (v. 3). Paulo usa termos fortes para deixar claro que existem obrigações de mutualidade no casamento. Uma vez casados, nossa primeira preocupação tem de ser o bem-estar do nosso cônjuge! O sexo no casamento não é um "mal necessário" para ser aguentado, mas um dom de Deus para ser desfrutado.

Alguns se casam por conveniência ou egoísmo, procurando alguém para satisfazer todas as suas necessidades. Casamento, no entanto, não é encontrar a pessoa certa; é ser a pessoa certa! Casamento não é um negócio "50-50", mas "100-100". Certa vez, um homem casado há muitos anos chocou seus amigos quando anunciou: "Casamento não é para mim!" Ele tinha razão: o casamento não é para NÓS; é para DEUS e Sua glória. O casamento cristão, assim como a vida cristã, é DAR a nossa vida servindo ao outro, assim como Jesus, que *não veio para ser servido, mas para servir e para dar a vida em resgate de muitos* (Mc 10.45).

Por isso, 1Coríntios 7.32,33 diz: ... *Quem não é casado se ocupa das coisas do Senhor e de como irá agradá-lo. Mas quem é casado se ocupa das coisas do mundo e de como irá agradar sua mulher.* Alguns analisam esses versículos fora do contexto e justificam uma vida de negligência para com o cônjuge, em nome do reino de Deus. No entanto, essa opção não existe. Uma vez casados, o bem-estar do nosso cônjuge tem precedência sobre outras questões do reino de Deus. Não é uma questão alheia; o ministério entre cônjuges faz parte do ministério do reino de Deus!

2. A explicação — *A mulher não tem autoridade sobre o próprio corpo, mas sim o marido...* (v. 4). Quando casamos, abrimos mão de um grande direito: o direito de autonomia sobre o que fazer e não fazer com o nosso corpo. O casamento implica uma preocupação constante com os desejos sexuais do cônjuge. Como já vimos, esse é um dos fatores que justificam o casamento.

O princípio aqui colocado vai além da simples satisfação sexual. Pressupõe um relacionamento de carinho, de afeição, de mútua preocupação. Alguns cônjuges têm usado 1Coríntios 7.4 para justificar o "sexo sob demanda", a qualquer hora, a qualquer momento. Esquecem-se do fato de que a ênfase do texto está na mutualidade da intimidade: cada um pensando no bem do outro e usando (ou não usando!) o próprio corpo da maneira que mais agrade o cônjuge.

Tanto a mulher quanto o homem devem ser sensíveis às necessidades e aos desejos do outro. Às vezes, isso pode significar que a esposa se entregue ao marido mesmo quando não está "a fim disso", e que o marido, de tempos em tempos, não insista em ter relação sexual a bem da sua esposa, e vice-versa.

Paulo não está dando um cheque em branco para os maridos escravizarem sexualmente a esposa. Às vezes, esses desejos e obsessões pelo sexo surgem porque são alimentados por maus hábitos e vícios em pornografia e sensualidade. Ele não está defendendo a escravidão sexual, muito menos práticas sexuais que desumanizam, envergonham ou causam repugnância. A questão da MUTUALIDADE está em primeiro lugar.

Atualmente, existem centenas de livros e revistas oferecendo conselhos para melhorar nossa vida sexual. O fato é que o sexo vende muito bem. Não precisamos ler esse material (muito lixo) para termos uma vida sexual sadia. A Palavra de Deus, sempre suficiente para tudo que precisamos, oferece conselhos básicos e essenciais para uma vida sexual sadia: "Perca-se na satisfação sexual do seu cônjuge!" Procure o bem do outro em primeiro lugar, e seus desejos serão satisfeitos. Satisfaça-se com o amor e a intimidade do seu cônjuge, em um contexto de mutualidade. É isto que Provérbios recomenda: *Bebe a água da tua própria cisterna, das correntes do teu poço. [...] Sejam somente para ti, e não divididos com estranhos. Que teu manancial seja bendito. Alegra-te com a esposa que tens desde a mocidade. Como corça amorosa e gazela graciosa, que os seios de tua esposa sempre te saciem e que te sintas sempre embriagado pelo seu amor* (5.15,17-19). O livro de Cântico dos Cânticos foi escrito para exaltar a beleza do amor romântico e sexual dentro do plano que Deus elaborou para o casamento. Esses textos certamente desmentem a ideia de que o sexo por prazer está fora da vontade de Deus!

3. **Uma exceção** — *Não vos negueis um ao outro, a não ser...* (v. 5). Existe, de fato, uma exceção. Parece que alguns estavam caindo no erro do "celibato conjugal". Paulo proíbe a prática: "Parem de fazer isso!" Ele admite, entretanto, uma situação, rara talvez, em que o casal pode praticar um "jejum sexual". Estabelece quatro fatores que determinam quando e como:

   a. *... de comum acordo...* — Essa não é uma decisão unilateral! Não é só a esposa ou só o marido que vai decidir que agora é hora de se abster de relações sexuais. Implícito aqui está o fato de que o casal conversa sobre o seu relacionamento. Há abertura para discutir seus desejos, suas preferências.

   b. *... por algum tempo...* — A expressão significa "um tempo claramente delineado"; não é algo em aberto, sem esperança de terminar, mas com começo e fim bem delimitados.

   c. *... a fim de vos consagrardes à oração...* — A ideia é que os dois estarão envolvidos em questões do reino de Deus, seu relacionamento com Deus, talvez seu serviço no reino. Concordam em não se juntar durante esse tempo, para que possam se dedicar de corpo e alma ao Senhor, COMO SE FOSSEM SOLTEIROS. Interessante a ênfase dada aqui à oração conjugal (cf. 1Pe 3.7) e sua prioridade na vida do casal.

   d. *... Depois, uni-vos de novo...* — Esse tempo claramente delineado tem seu fim em uma celebração sexual. O casal se encontra novamente e curte seu relacionamento a dois.

4. **A razão** — *... para que Satanás não vos tente por causa da vossa falta de controle* (v. 5b). Mais uma vez, a razão exposta tem a ver com o reino de Deus. Estamos falando em guerra espiritual. Se o casamento visa afastar a impureza, não permita que o próprio casamento abra brecha para Satanás. De certa forma, a "abstinência sexual" dentro do casamento provoca maiores conflitos e tensões sexuais do que a abstinência do solteiro. Isso porque a pessoa fica diante de um banquete, mas com uma mordaça sobre a boca!

   Finalmente, 1Coríntios 7.6 indica que esse cenário não é obrigatório; é uma concessão. Ninguém é obrigado a praticar a abstinência sexual no casamento. É uma opção possível para aqueles que conseguem seguir essas diretrizes bem específicas.

Apesar de toda essa beleza no propósito de Deus para a sexualidade, temos de admitir que o sexo não é tudo na vida do cristão. Infelizmente, nosso inimigo, aquele que *engana todo o mundo* (cf. Ap 12.9), tem alcançado suas maiores vitórias contra a igreja de Jesus Cristo justamente nesse ponto. Temos engolido as propagandas, as revistas, as novelas e as piadas sujas que o mundo nos oferece, barateando uma das mais sublimes e belas criações de Deus. O sexo tem seu lugar, mas não ocupa todo o lugar! Devemos louvar a Deus pela sua sabedoria e bondade em criar o sexo. Mas devemos manter o equilíbrio, não sendo sexomaníacos. Vamos louvar ao Criador, e não à sua criação, buscando *primeiro o seu reino e a sua justiça* (cf. Mt 6.33).

LIÇÃO 13

Os conflitos e o coração do pai

> Princípio de construção
>
> *Os pais que não conhecem o egoísmo do próprio coração terão dificuldade em alcançar o coração dos seus filhos.*

- **Objetivos do estudo**

Como resultado deste estudo, os membros do grupo devem ser capazes de:

- Entender a fundamental importância de os pais entregarem seu coração a Deus como instrumento em Suas mãos.
- Reconhecer os ídolos que existem em seu coração e que interferem na criação dos filhos.
- Identificar evidências de uma paternidade centrada no exercício do poder, e não na graça de Deus.

Sugestões didáticas:

Esta lição e a próxima tratarão da questão do conflito entre pais e filhos. A primeira lida com o coração dos pais, enquanto a segunda trata do coração dos filhos. Durante o estudo desta lição, tenha cuidado para manter o foco no coração dos pais, e não nos problemas vividos pelos filhos.

Aproveite a "Terraplenagem" para fazer uma ponte com a lição: conflitos familiares muitas vezes são difíceis de serem "desamarrados", assim como o "nó humano" no exercício sugerido.

TERRAPLENAGEM

Nó humano

- **PROCEDIMENTO:** Reúna o grupo em círculo, de pé. Dado o sinal, todos devem cruzar os braços e dar as mãos uns aos outros. Não é necessário que uma pessoa dê a mão para a que está ao seu lado. O importante é que o grupo forme um grande "nó humano". Sem largar as mãos uns dos outros, os participantes devem tentar desfazer o "nó" dentro de um tempo estipulado. Para o êxito da atividade, é necessário que todos trabalhem juntos.

- **VARIAÇÃO:** Para dificultar ainda mais a atividade, o líder deve "embalar" o grupo, juntando todos no meio da sala e pedindo que deem as mãos para pessoas diferentes das escolhidas no primeiro momento do exercício, que estejam no meio do "nó" ou do outro lado da "massa".

FIRMANDO ALICERCES

Compartilhe suas conclusões na leitura do texto "Casamento, sexo e celibato". Destaque uma ou duas ideias do texto que marcaram sua vida. Compartilhe com o grupo o que mais chamou sua atenção.

ERGUENDO PAREDES

Muitas vezes, os pais interpretam de maneira errada o seu papel na criação dos filhos. Confundem poder, autoridade, obediência e submissão. Mesmo de forma sutil, vivem como se a paternidade fosse sobre ELES, como pais, ou sobre os FILHOS. A paternidade, no entanto, não é "sobre mim", muito menos sobre meus filhos. Como toda a nossa vida, a paternidade visa à glória de Deus. Como pais, nosso alvo é glorificar a Deus na criação dos nossos filhos. Se não entendermos o alvo, certamente nos perderemos no caminho.

Infelizmente, ídolos no coração dos pais tiram o lugar de Deus e fazem com que os pais falhem em alcançar os objetivos que Deus tem para a família. Se os pais não conhecem a necessidade do próprio coração, é provável que sua paternidade esteja centrada no "eu", e não na glória de Deus!

O fato é que, com poucas exceções (e, graças a Deus, elas existem!), os filhos sobem ou descem até o nível de maturidade espiritual dos pais. Por isso é tão importante que, em primeiro lugar, os pais se preocupem com o estado do seu coração, antes de levar algo que não possuem para a vida dos filhos.

1. **Leia Deuteronômio 6.4-6.** Qual é o ponto de partida para uma paternidade bem-sucedida?

_____

_____

Não podemos exportar o que ainda não importamos. Não adianta falar "Faça o que eu falo", se não fazemos o que ordenamos aos outros. Os pais precisam reconhecer a singularidade de Deus como o único Senhor de sua vida (v. 4); demonstrar lealdade (amor) por intermédio da obediência a esse Deus (v. 5); e guardar suas palavras no fundo do coração (v. 6).

O conflito tende a expor o que reina em nosso coração. Quando alguém bloqueia nossos desejos, fazendo com que não alcancemos o que queremos, surge o conflito. Por exemplo, para que não tenhamos do que nos envergonhar, para que não percamos nosso precioso tempo e para que não tenhamos do que nos culpar, como pais, nosso desejo passa a ser: o controle, o poder, a paz, o respeito, o amor e a aceitação da parte de nossos filhos. E, na busca de satisfazer esses desejos, levamos nossos filhos a se colocarem entre nós e o que deseja o nosso coração! Entretanto, Deus não nos chama para satisfazermos os NOSSOS desejos na criação de nossos filhos, mas, para a Sua glória, chama-nos a cumprir os objetivos que Ele tem nessa área de nossa vida.

2. Quando um filho desobedece aos pais, causando um conflito, existe uma forte tendência de os pais considerarem isso como um ataque pessoal, como se o pecado da desobediência do filho fosse uma ofensa contra eles somente. **Leia Salmo 51.4** e responda a estas perguntas:

(?) Principalmente contra quem o pecado é direcionado?

_____
_____
_____
_____

(?) Quais as evidências de que pai e mãe tratam o pecado de um filho como uma ofensa pessoal, e não como um pecado contra Deus?

_____
_____
_____
_____

Podemos detectar um enfoque errado na paternidade quando há explosões de ira, ressentimento pela vergonha causada por um filho, ou quando o MEU tempo, o MEU dinheiro ou a MINHA energia são perdidos.

(?) O que poderia mudar se os pais encarassem o pecado de um filho não como um ataque pessoal contra eles, mas como uma ofensa contra Deus?

_____
_____
_____
_____

A criação dos filhos nos permite, em primeiro lugar, conhecer o nosso coração. A tarefa dos pais é refletir para os filhos o estado do coração deles, a necessidade que eles têm de Cristo Jesus e a urgência de passarem por uma transformação radical na esfera do coração. Nesse processo, porém, Deus começa trabalhando no coração dos pais. Os filhos servem como lembrança constante da nossa necessidade de Cristo. Espelham para nós as falhas, os defeitos que reinam como ídolos em nosso coração. Egoísmo, cobiça, ira e muito mais sobem à superfície quando vemos a nós mesmos refletidos na vida dos nossos filhos.

Há pelo menos três resultados benéficos no processo doloroso de criar filhos encarando o próprio coração:

1. **Humildade** — A humildade nos faz lembrar constantemente da necessidade que temos de Cristo em nossa vida.
2. **Transparência e paciência** — Olhando para o próprio coração, tornamo-nos mais dispostos a compartilhar nossos defeitos com nossos filhos. Ao mesmo tempo, isso nos leva a desenvolver mais paciência e compaixão para com eles.
3. **Obediência** — É pela disciplina bíblica, firme e constante, que nos tornamos mais dispostos a obedecer a Deus e glorificá-Lo. Em vez de desistir da disciplina dos filhos por causa da frustração, do jogo de poder e de outros desgastes, continuamos firmes, sabendo que a paternidade não é sobre nós, mas sobre Deus.

3. **Leia 2Timóteo 3.1-4.** Não nos deve surpreender o fato de a família ir de mal a pior, e de estar sendo travada uma guerra espiritual em que a alma dos nossos filhos está em jogo. Nesse texto, Paulo apresenta características do mundo nos últimos dias. Quais dessas características atingem a família hoje?

_____

_____

4. Alguns têm observado um fenômeno interessante entre pais e filhos: os filhos tendem a refletir (reproduzir) a ira que observam nos pais. **Leia Efésios 6.4.**

(?) O que o texto proíbe aos pais?

_____
_____
_____

(?) Quais são algumas das maneiras pelas quais os pais podem provocar os filhos à ira?

_____
_____
_____

O alvo da paternidade é reproduzir a imagem de Cristo na vida dos filhos (Gl 4.19; 2Co 3.18; Rm 8.20; Cl 1.28,29). É impossível que os pais cumpram essa tarefa sem a atuação do Espírito Santo. É por meio dEle que a vida dos pais alcança a vida dos filhos, efetuando neles mudanças permanentes. Usados pelo Espírito Santo, os pais podem ser instrumentos nas mãos de Deus, talhadeiras que Ele utiliza para tirar as lascas do pecado que encobrem a imagem de Cristo em seus filhos.

5. Leia Efésios 6.4 novamente. Nesse texto, qual o equilíbrio que pode ser destacado entre "autoridade" e "amizade"?

_____
_____
_____

Os pais receberam de Deus a ordem de educar seus filhos, usando nesse processo a instrução e a correção (disciplina). Isso envolve ternura (a palavra "criar" incorpora essa ideia) e relacionamento, tempo de quantidade e qualidade, mas não simplesmente a custo da autoridade.

6. Em sua opinião, por que, na adolescência de alguns filhos, pais que desejavam ser amigos, ser aceitos e amados por eles, acabam sendo seus inimigos?

_____
_____
_____
_____

Como já temos visto, um dos mais perigosos "ídolos do coração" dos pais chama-se "temor dos homens". Os pais levam em conta a opinião de outras pessoas e a opinião dos próprios filhos, colocando-as acima do temor de Deus. Este, sim, leva os pais a colocarem os preceitos divinos acima de todas as outras coisas.

7. Como um pai que tende a "temer os homens" poderia refletir esse pecado na criação dos seus filhos?

_____
_____
_____
_____

Muitas vezes, os pais perdem o respeito dos filhos quando procuram ser amigos deles. O amor a si mesmos faz com que esses pais não contrariem seus filhos, que acabam por se tornar os "donos do próprio nariz". Desde cedo, esses pais deixam todas as escolhas a critério do filho, o que o leva a se sentir "sábio aos próprios olhos". No início da adolescência do filho, porém, quando os pais tentarem resgatar sua autoridade, será tarde demais.

INSPECIONANDO A CONSTRUÇÃO

(?) Leia a lista de sintomas do temor aos homens que segue. Você consegue identificar alguma evidência de que você teme aos homens, e não a Deus? O temor dos homens já afetou ou influenciou sua paternidade? Como?

ACABAMENTO

(?) Gênesis 5.1-3 mostra que os filhos são um reflexo da imagem dos pais. Em que sentido isso acontece? Como as características dos pais são vistas nos filhos? Isso acontece sempre? É preciso que sempre seja assim? Quais as vantagens e desvantagens disso?

O TEMOR DOS HOMENS

Quem teme o homem arma-lhe ciladas,
mas quem confia no Senhor está seguro. (Pv 29.25)

O temor dos homens é um pecado-raiz, um ídolo que ocupa o lugar de Deus em nosso coração. Às vezes, ele passa despercebido; não reconhecemos a verdadeira raiz desse sintoma. Mas "pelos frutos os conhecemos". Como pais, precisamos identificar esses frutos podres em nossa vida, como brotando de uma raiz que enaltece os homens em lugar de enaltecer a Deus. Se não tomarmos esse cuidado, teremos muita dificuldade em "pastorear o coração" dos nossos filhos.

A seguir, alguns sintomas exteriores de um problema mais profundo, que é o temor dos homens. Quantos desses sintomas você encontra em sua vida? Como eles têm afetado a criação dos seus filhos? Como têm afetado o relacionamento com o seu cônjuge e seu ministério?

1. **Ansiedade sobre o que outros vão pensar a meu respeito**
2. **Vaidade** (Preocupação com as aparências.)
3. **Mentira e exagero** (Exemplos de autoproteção e autoprojeção que escondem quem e como eu realmente sou.)
4. **Hipocrisia/falta de transparência** (Sinais de insegurança e falta de conhecimento da aceitação em Cristo. Por medo do que os outros vão pensar, sentimo-nos incapazes de compartilhar na esfera do coração.)
5. **Incapacidade de aceitar crítica ou pedir perdão**
6. **Rendição à pressão de colegas** (Pressão para ser o que não sou, possuir o que não preciso, fazer o que não devo.)
7. **Incapacidade de dizer "não"** (Sacrifico princípios bíblicos para agradar aqueles que impõem sobre mim suas expectativas. No contexto familiar, pode ser fatal. Sempre jogo para a plateia, mas quem sofre é a minha família.)
8. **Viver para ser reconhecido e aplaudido** (Energia e esforço são utilizados para agradar aqueles que estão ao meu redor. Isso leva ao ativismo, ao perfeccionismo, à autopiedade e à depressão, quando não sou reconhecido.)
9. **Legalismo** (Expressão clássica e muitas vezes institucionalizada do temor dos homens. Estabelecemos regras que produzem uma falsa sensação de espiritualidade, mas que é simplesmente externa e não tem nada a ver com a Bíblia.)
10. **Medo da rejeição** (Mudança de opinião ou comportamento para não correr o risco de perder o amor de outros. Pais que falham na disciplina dos filhos por medo de contrariá-los e perder o seu amor.)

A única solução para o temor dos homens é o amor de Deus, revelado em Cristo, que garantiu para sempre nossa posição como filhos de Deus. Não precisamos provar nada para os homens e já somos aceitos por Deus em Cristo. Essa segurança pode transformar nosso lar quando vivemos para agradar a Deus, e não os homens.

LIÇÃO 14

Os conflitos e o coração do filho

> PRINCÍPIO DE CONSTRUÇÃO
>
> *O relacionamento saudável entre pais e filhos depende do amor e da autoridade paterna num contexto de dependência total da graça de Deus.*

■ Objetivos do estudo

Como resultado deste estudo, os membros do grupo devem ser capazes de:

- Identificar as raízes de alguns dos problemas principais que dificultam o relacionamento entre pais e filhos.
- Resgatar a autoridade paterna na criação dos filhos, em contraste com o modelo cultural de nossos dias.
- Encarar a adolescência dos filhos como um tempo precioso para atingir o coração deles e desenvolver uma amizade duradoura.

Sugestões didáticas:

O objetivo desta lição não é atribuir culpa aos pais cujo relacionamento com os filhos esteja envolto em sofrimento, mas, sim, ministrar a graça de Deus a essas vidas e dar esperança a pais e filhos que desejam viver a vida na presença de Cristo.

Algumas partes da lição podem se tornar bem difíceis para pais cujos filhos já se tenham rebelado contra eles. Seja sensível para não fugir de realidades duras. Ao mesmo tempo, procure ministrar esperança a esses pais.

Concluam a lição orando, como grupo, pelos seus filhos, sejam eles pequenos ou grandes.

Para mais informação sobre a paternidade pregada pela Bíblia, estude o outro livro desta série: *15 lições para a criação de filhos*.

TERRAPLENAGEM

Dicionário

- MATERIAL NECESSÁRIO: Um dicionário, folhas de papel, canetas.
- PROCEDIMENTO: Um dos participantes escolherá no dicionário uma palavra que seja pouco conhecida e a lerá em voz alta. Então, copiará a definição, enquanto os demais participantes, na folha que receberam do líder, redigem a própria definição da palavra escolhida no dicionário e assinam embaixo do que escreveram. O líder, então, recolherá os papéis e lerá em voz alta todas as definições, inclusive a que foi copiada do dicionário, sem, porém, identificar os seus autores. Cada participante votará na definição que julga mais acertada. O líder contará os votos de cada definição dada e atribuirá pontos ao grupo, da seguinte forma:
  - Cada voto que a definição receber valerá um ponto para o seu autor.
  - Cada pessoa que escrever uma definição correta ganhará um ponto.
  - Cada pessoa que votar na definição copiada do dicionário ganhará um ponto.
  - Cada pessoa que votar na definição copiada do dicionário receberá um ponto todas as vezes que alguém votar em uma definição incorreta.

Vence quem juntar o maior número de pontos no final da brincadeira.

FIRMANDO ALICERCES

(?) Comente o texto "O temor dos homens". Até que ponto você tem baseado a sua paternidade em você mesmo, e não na glória de Deus? Como o temor dos homens tem influenciado na criação dos seus filhos?

_____

_____

_____

_____

ERGUENDO PAREDES

Atritos e conflitos no relacionamento pai—filho e entre irmãos são comuns, mas não são normais. E, conforme a idade dos filhos aumenta, esses conflitos tendem a se intensificar. Mas, os anos da adolescência podem estar entre os melhores anos na criação de filhos. Precisamos elevar o padrão que o mundo criou e mantém desses anos. Quando esperamos pouco, recebemos pouco. Quando ocorre um conflito, ele pode ser encarado, não como outra evidência de que os jovens de hoje são "problemáticos", mas como uma oportunidade de expor o coração de todos os envolvidos no conflito. Afinal de contas, a paternidade não está fundamentada em mim e no que EU quero; ela existe para a glória de Deus e para cumprir o que ELE deseja realizar por meu intermédio.

Quando voltamos para o relato bíblico de Gênesis descobrimos que, não demorou muito para os resultados do pecado atingirem o coração da família. O pecado causou atrito entre Adão e Eva e logo afetou seus filhos, e um deles, Caim, matou o próprio irmão.

Nesta lição, estudaremos algumas das tempestades que afligem o relacionamento pai—filho, na tentativa de prevenir alguns problemas e dar esperança àqueles que já sofrem atritos e conflitos.

1. Como grupo, façam uma lista dos problemas mais comuns entre pais e filhos de todas as idades.

2. Leia o texto a seguir e comente-o com o grupo. Quais as lições que podemos extrair dele?

Certa vez, o médico inglês Ronald Gibson começou uma conferência citando quatro declarações:

1. "Nossa juventude adora o luxo, é mal-educada, caçoa da autoridade e não tem o menor respeito pelos mais velhos. Nossos filhos hoje são verdadeiros tiranos. Eles não se levantam quando uma pessoa idosa entra, respondem a seus pais e são simplesmente maus."
2. "Não tenho nenhuma esperança no futuro do nosso país, no caso de a juventude de hoje tomar o poder amanhã, porque essa juventude é insuportável, desenfreada, simplesmente horrível."
3. "Nosso mundo atingiu seu ponto crítico. Os filhos não ouvem mais seus pais. O fim do mundo não pode estar muito longe."
4. "Essa juventude está estragada até o fundo do coração. Os jovens são malfeitores e preguiçosos. Eles jamais serão como a juventude de antigamente. A juventude de hoje não será capaz de manter a nossa cultura."

Após ter lido as quatro citações, o médico palestrante ficou muito satisfeito com a aprovação que os espectadores davam às declarações. Então, revelou a origem delas:

- A primeira é de Sócrates (470-399 a.C.).
- A segunda é de Hesíodo (720 a.C.).

- A terceira é de um sacerdote do ano 2000 a.C.
- A quarta estava escrita em um vaso de argila descoberto nas ruínas da Babilônia e tem mais de 4 mil anos.

(?) Que observações podemos fazer com base nessa leitura?

_____
_____
_____
_____

O conflito de gerações é normal, e a geração que está sendo substituída sempre tenta diminuir a capacidade da que está ascendendo. Nas mãos de Deus, porém, toda juventude tem poder para transformar o mundo e ser transformada. Basta crer em um Deus onipotente e amoroso.

3. Leia Ageu 2.1-9. O povo de Judá queria erguer um novo templo depois de muitos anos de cativeiro, em que o velho templo fora destruído. Entretanto, alguns dos mais idosos, que haviam visto o primeiro templo, estavam desanimando a nova geração a construir o novo templo. O que Deus disse para animar o povo? Como essas palavras devem nos motivar quando olhamos para uma nova geração?

_____
_____
_____

Deus reconheceu o problema (v. 3); chamou os líderes para um novo ânimo (coragem) e motivou-os a trabalhar porque ele, o Senhor, estaria entre eles (v. 4). Deus é quem faz a diferença! A presença do Seu Espírito faz desaparecer o medo (v. 5); Ele promete usar a nova geração para fazer uma obra que está além da imaginação da velha geração (v. 6-9). Da nossa parte, precisamos reconhecer que Deus é o mesmo e, como fez nas gerações passadas e na nossa, Ele glorificará o Seu nome entre a geração que está surgindo.

4. Ao mesmo tempo, reconhecemos que a tarefa de criar filhos está se tornando cada vez mais difícil. Quais os fatores culturais que militam contra a paternidade que a Bíblia descreve?

_____
_____
_____
_____

5. Para manter um relacionamento significativo com um filho, os pais precisam alcançar seu coração (veja mais sobre esse aspecto em outro livro desta série: *15 lições para a criação de filhos*). Leia os textos a seguir e anote o que cada um sugere sobre o processo de ganhar o coração do filho:

Provérbios 4.23

_____
_____
_____

Provérbios 23.26

_____
_____
_____

Provérbios 23.15,16

_____
_____
_____

Provérbios 29.17

_____
_____

Hebreus 4.12

_____

_____

Há filhos que se têm rebelado contra os pais simplesmente por causa da sua natureza pecaminosa. Escolhem não obedecer e honrar os pais, e seguir a estultícia de seu coração (cf. Pv 22.15). O texto de Provérbios 22.6 — *Instrui a criança no caminho em que deve andar, e mesmo quando envelhecer não se desviará dele* — não deve ser visto como uma fórmula mágica que explica por que alguns filhos se saem bem, e outros, não. É claro que todo pai de um filho rebelde precisa avaliar bem de perto o próprio coração e o processo que usou para criar seu filho. Não podemos, porém, concluir automaticamente que um filho rebelde representa um pai que falhou.

Infelizmente, alguns pais se esquecem, sim, da sua responsabilidade de moldar os filhos à imagem de Cristo. Por serem pais omissos, ausentes, indiferentes ou passivos, deixam de influenciar a vida dos filhos como Deus deseja que façamos. No anseio de serem amados pelos filhos (ídolo de aceitação, temor dos homens e desejo por reconhecimento), acabam abrindo mão da sua autoridade como pais. A paternidade ensinada na Bíblia pressupõe que os pais desenvolvam sua autoridade antes de conseguir a amizade dos filhos.

6. Em sua opinião, o que leva alguns pais a perderem a autoridade sobre os filhos na adolescência?

_____

_____

_____

_____

Enquanto os filhos ainda são pequenos, é razoavelmente fácil ganhar qualquer conflito simplesmente pela força, seja ela a força física, seja a emocional, seja a força imposta pelo tom de voz.

Nesse período da vida, os pais são maiores e mais inteligentes que eles. Quando, porém, a criança cresce, se a autoridade que ela encontrou nos pais foi baseada somente em um "jogo de poder", talvez em tamanho, intimidação ou força de voz, e não no relacionamento ideal, o pior pode acontecer. O filho se rebela "de repente", e os pais não entendem por quê. A resposta não é deixar de disciplinar os filhos, mas desenvolver com eles um relacionamento que seja, ao mesmo tempo, profundo e amoroso.

7. Quais são algumas das maneiras pelas quais os pais podem fortalecer o relacionamento com os filhos nos primeiros anos?

_____

_____

_____

_____

Reconquistar a autoridade paterna começa quando os pais reconquistam o relacionamento com os filhos. Talvez não seja tão difícil quanto parece. Humildade simples, a confissão dos próprios erros e a disposição de assumir a responsabilidade pelas falhas podem ajudar muito.[1] Se você nunca pediu perdão aos seus filhos, e hoje vê que há distância entre vocês, pense seriamente em marcar um encontro para assumir diante deles suas falhas nas áreas em que você errou como pai ou mãe. Não é hora de virar a mesa e culpar o filho, justificar ou racionalizar seus erros ou se desculpar por eles. Construa uma ponte de perdão, enfocando em primeiro lugar o seu papel no esfriamento do relacionamento entre vocês.

Como grupo, concluam seu período de estudo com um momento de oração, intercedendo pelo relacionamento entre pais e filhos, pelo resgate de filhos (ou netos) que estão longe do Senhor, e por sabedoria para os pais na difícil tarefa de criar seus filhos nos caminhos do Senhor.

---

[1] Para outras ideias, leia a lição *O coração da questão: uma questão do coração*, lição 4 do outro livro desta série: *15 lições para a criação de filhos*.

INSPECIONANDO A CONSTRUÇÃO

Estude os textos bíblicos e preencha o quadro "O papel dos pais e a autoridade no lar".

ACABAMENTO

(?) Examine o texto de Provérbios 22.6 à luz dos princípios estudados nesta lição. O que o texto diz e o que ele não diz? É uma promessa ou um princípio? O texto oferece garantias? Podemos usá-lo para julgar os pais de filhos rebeldes?

_____
_____
_____
_____

O PAPEL DOS PAIS E A AUTORIDADE NO LAR

(?) O que fazer quando os pais percebem que estão perdendo (ou já perderam) a autoridade sobre seus filhos e a amizade deles? Leia os textos a seguir e anote algumas das possibilidades na coluna "O que fazer?"

Texto	O que fazer?
1Samuel 3.12,13	
Jó 1.1-5	
Provérbios 19.18,19	

Provérbios 22.6	
Efésios 6.4	
Colossenses 3.21	
1Timóteo 3.4,5	
Tito 1.6	
1João 1.9	
Tiago 5.16	

LIÇÃO 15

E quando as tempestades persistem?

> PRINCÍPIO DE CONSTRUÇÃO
> *Mesmo quando não entendemos o porquê das tempestades familiares que nos cercam, perseveramos confiantes no Senhor.*

■ Objetivos do estudo

Como resultado deste estudo, os membros do grupo devem ser capazes de:

- Entender que não há garantias de "sucesso", muito menos de "escape" das tempestades familiares que nos assolam.
- Perceber a graça e o amor de Deus, que nos guarda e orienta em meio às tempestades da vida.
- Descansar na soberania e bondade de Deus enquanto continuam firmes e fiéis, confiantes e dependentes exclusivamente dEle, sejam quais forem os resultados dos conflitos e tempestades enfrentados.

Sugestões didáticas:

Esta talvez seja uma das lições mais difíceis deste livro. Não tanto pelo seu conteúdo, embora seja um assunto que desperta a sensibilidade, mas pela dificuldade emocional de lidar com o fato de que os conflitos familiares nem sempre se resolvem de forma imediata e, em alguns casos, NUNCA chegaremos a contemplar, deste lado da eternidade, o resultado final desejado. Ore MUITO antes de iniciar este estudo!

TERRAPLENAGEM

Tempestades

Com todo o grupo reunido, cada membro deve se lembrar da pior tempestade que já experimentou. Aqueles que quiserem poderão compartilhar com o grupo:

- Qual foi a tempestade?
- Como você se sentiu durante o período tempestuoso?
- Como se sentiu quando essa tempestade chegou ao fim?

Esse quebra-gelo servirá como ponte para a lição, que lidará com tempestades vividas na vida familiar e que pareceram que nunca chegariam ao fim.

FIRMANDO ALICERCES

(?) Comente o estudo que você fez do quadro "O papel dos pais e a autoridade no lar". O que mais lhe chamou a atenção? O quadro destaca alguma área da sua vida em que você precisa trabalhar?

_____

_____

_____

ERGUENDO PAREDES

Na Venezuela, a região do rio Catatumbo é conhecida pelo fenômeno atmosférico de uma tempestade praticamente interminável.

Ela perdura há centenas de anos. Algumas estimativas calculam que, a cada ano, a região é atingida por mais de um milhão de raios, dentro de uma tempestade que nunca muda de posição!

Certamente há grandes perigos associados a essa turbulência que ocorre entre 140 e 160 dias no ano, 10 horas por dia e até 280 vezes por hora. Mas também existem benefícios inesperados que dela resultam. Por exemplo, durante séculos, a constância da tempestade e dos seus raios facilitou a navegação na região. E a quantidade enorme de raios faz com que a pequena região seja considerada o maior gerador de ozônio do mundo.[1]

Chegamos à última lição da nossa série. Talvez ela seja a mais difícil de todas, por lidar com a questão das tempestades familiares que parecem não ter fim. Assim como em Catatumbo, na Venezuela, há grandes perigos nisso. Mas existem também benefícios que somente as tempestades produzem e que passam despercebidos por nós.

Até aqui descobrimos que Deus quer trabalhar EM NÓS e POR MEIO DE NÓS quando enfrentamos as tempestades da vida, especialmente na área familiar. Aplicamos, a várias situações que provocam conflito no lar, os princípios que a Bíblia apresenta para mudança. Em tudo, tivemos a grande esperança de ver Deus atuando para nos moldar conforme a imagem de Cristo e, da mesma forma, transformar nossos queridos.

Mas, o que podemos fazer quando vemos que as tempestades não chegam ao fim? O que fazer quando as pessoas não passam por mudanças? O que fazer quando o desânimo bate forte em nosso coração?

Às vezes, nos esquecemos de que estamos numa guerra espiritual que continuará até a vitória final de Jesus sobre o inimigo da nossa alma: Satanás. É interessante notar que o maior texto do

---

[1]*Relampago del Catalumbo* — Venezuela, site: https://www.atlasobscura.com/places/relampago-del-catatumbo. Veja também http://scribol.com/science/venezuelas-never-ending-storm e STOCK, M. J. et al. *Lightning Activity in Northwestern Venezuela*, Meteorology and Atmospheric Physics, 2011.

Novo Testamento sobre guerra espiritual — Efésios 6.10-20 — vem logo após o maior texto que trata de relacionamentos familiares: Efésios 5.22—6.9. Enquanto essa guerra não atinge o seu final, podemos esperar que haja sofrimento e baixas, inclusive (e talvez principalmente) em nossa família.

Não sabemos qual a área de sofrimento em sua vida hoje, nem o que você passará amanhã. Talvez você se sinta rejeitado por alguém. Talvez lute com o fato de que Deus não responde à sua oração como ou quando você gostaria — a conversão de algum parente, uma mudança de coração na vida de um filho, um pecado que parece ser invencível, a tentação sexual, a frieza conjugal, uma doença crônica, uma mudança de emprego, um conflito com alguém, dificuldades financeiras. O fato é que todos nós passamos pelas tempestades da vida e, às vezes, parece que essas tempestades nunca chegarão ao fim. O que fazer em situações assim?

Vamos buscar consolo em alguns princípios da Palavra de Deus. Eles nos ajudarão justamente quando estivermos no meio de tempestades que parecem que nunca deixarão de existir.

Deus é fiel em meio ao fracasso

1. **Leia Lamentações 3.19,20.** Como você descreveria o estado de alma vivido pelo autor?

___

___

___

Para compreender melhor o desespero do autor de Lamentações, Jeremias, precisamos entender o contexto em que ele escreveu. Vezes sem fim, o povo de Israel havia falhado moralmente e quebrado os termos da sua aliança com Deus. Depois de muitas advertências da parte de Deus, estavam sendo disciplinados pelo Senhor, por meio de um inimigo que os levou para o cativeiro. O livro de Lamentações "canta" uma série de hinos fúnebres, entoando a tristeza da derrota e da miséria de um povo desfeito.

2. **Leia Lamentações 3.21.** Qual o desejo (oração) principal de Jeremias em meio ao caos e ao desespero, depois da destruição da cidade santa, Jerusalém?

_____
_____
_____

3. Agora, **leia Lamentações 3.22,23.** Note como Jeremias encontra consolo na resposta à oração do versículo 21. O que pode nos dar esperança em meio às tempestades da vida?

_____
_____
_____

Um detalhe que passa despercebido na nossa leitura do texto é o papel desses versículos que se encontram no miolo do livro. Note a estrutura do livro de Lamentações: os capítulos 1, 2, 4 e 5 têm exatamente 22 versículos, e o capítulo 3, no centro do livro, exatamente 66. Isso acontece porque o alfabeto hebraico tem 22 letras, e cada capítulo do livro foi escrito em forma de um poema (cântico) acróstico, ou seja, cada versículo começa com uma letra do alfabeto hebraico na ordem alfabética. Exceção é o capítulo 5, sobre o qual falaremos a seguir.

No hebraico original, os primeiros quatro capítulos foram escritos num ritmo "arrastado", apropriado para um velório. Mas tudo muda no capítulo 5. Mesmo com 22 versículos, o poema acróstico termina e o ritmo funerário é interrompido. Por quê? A resposta parece estar em Lamentações 3.22: *A bondade do SENHOR é a razão de não sermos consumidos, as suas misericórdias não têm fim.* O alfabeto tem fim. As misericórdias do Senhor, não. Renovam-se cada dia! O capítulo 5 mostra essa realidade com o fim do ritmo triste e dos poemas acrósticos dos outros capítulos. Ainda existia esperança para o povo! Havia luz no final do túnel! A bondade do Senhor é a nossa única esperança quando parece que não há mais recurso para nós, para a nossa família, para a nossa situação.

A fidelidade de Deus é maior do que a nossa tristeza. Deus é fiel, apesar da nossa infidelidade.

Deus é soberano em meio ao sofrimento

Certa vez, em uma visita a uma aldeia indígena no norte do Brasil, verificamos um fenômeno comum em lugares remotos: os índios não desperdiçam nada do que encontram ao seu redor. Por exemplo, todas as partes do corpo de uma caça têm alguma utilidade para eles, em uma região onde não existem hipermercados.

Da mesma forma, temos de entender que Deus não desperdiça absolutamente nada no processo de nos transformar à imagem de Cristo.

Parecem chavões, mas são as verdades que nos sustentam em meio ao desespero: Deus é soberano. Ele tem tudo sob Seu controle. Deus está trabalhando na nossa vida e na vida de muitas pessoas ao nosso redor. Não sabemos o que o futuro tem para nós, mas sabemos quem tem o futuro em Suas mãos!

4. Leia Salmo 126.5,6. Qual o contexto desse salmo (v. 1-4)? Que lição podemos extrair dele?

_____
_____
_____
_____

Anos atrás, nossa família passou por uma situação que, humanamente falando, era desesperadora. Parecia que nosso sofrimento nunca iria terminar. De fato, ANOS se passaram sem que pudéssemos perceber a razão ou o sentido de tudo aquilo que havia acontecido. No entanto, mesmo nunca tendo descoberto o "porquê" de todo aquele sofrimento, sabíamos que Deus é soberano.

Na época, nossa futura nora, Adriana, escreveu um bilhete para nós contendo o que, olhando para trás, parece ter sido uma profecia que se cumpriu ao pé da letra:

Quem sabe, este é um capítulo triste, mas que completará uma história linda em nossa família?... Quem sabe, outros casais chegarão ainda mais perto de vocês por passarem por dificuldades semelhantes e por verem que vocês também enfrentaram lutas e são humanos como eles?... O ministério de vocês será ainda mais forte, pois os outros olharão mais para Cristo e serão mais dependentes da Sua graça. Podemos juntos confiar que o Senhor está no controle e todas as coisas concorrem para o bem...

Outro bilhete que recebemos naquela época nos fez lembrar desse Deus soberano, a quem adoramos, citando estes textos:

> *Ah! Senhor Deus! Tu que fizeste os céus e a terra com o teu grande poder e com o teu braço estendido, nada é impossível para ti!* (Jr 32.17). *Eu sou o* SENHOR, *o Deus de toda a humanidade; existe alguma coisa impossível para mim?* (Jr 32.27). ... *não temas, porque estou contigo; não te assustes, porque sou o teu Deus; eu te fortaleço, ajudo e sustento com a minha mão direita fiel* (Is 41.10).

Deus é misericordioso em meio à miséria

O fato é que nosso pecado é mais que suficiente para merecer o pior dos castigos divinos. Assim Paulo clamava: *Desgraçado [miserável] homem que sou! Quem me livrará do corpo desta morte? Graças a Deus por Jesus Cristo, nosso Senhor! [...] Portanto, agora já não há condenação alguma para os que estão em Cristo Jesus* (Rm 7.24,25; 8.1).

Deus não nos trata conforme nossos pecados. Ele é um Deus misericordioso.

5. Leia Salmo 103.8,10 14. Quais as características do Senhor destacadas pelo salmista nesse texto? Qual o consolo que o Senhor nos oferece?

_____

_____

_____

6. **Leia 2Coríntios 1.3-6.** O que Deus espera que façamos, como decorrência da misericórdia (consolação) que recebemos dEle nos momentos de tribulação?

_____
_____
_____
_____

É justamente por causa do consolo que recebemos pelas misericórdias de Deus que conseguimos ajudar outros em situações semelhantes. É aqui que encontramos as palavras animadoras que Deus nos deixou: *A minha graça te é suficiente, pois o meu poder se aperfeiçoa na fraqueza. Por isso, de muito boa vontade me gloriarei nas minhas fraquezas, a fim de que o poder de Cristo repouse sobre mim. Por isso, eu me contento nas fraquezas, nas ofensas, nas dificuldades, nas perseguições, nas angústias por causa de Cristo. Pois, quando sou fraco, então é que sou forte* (2Co 12.9,10).

Conclusão

Em horas de angústia, nas tempestades da vida, temos nossa âncora no caráter de Deus. Ele é fiel, apesar do nosso fracasso; Ele é soberano em meio ao sofrimento; Ele é misericordioso, mesmo na miséria.

Voltando ao fenômeno da tempestade contínua de Catatumbo, algo totalmente inesperado aconteceu depois de centenas de anos. Em janeiro de 2010, os relâmpagos cessaram de repente, aparentemente por causa da seca local que mudou as condições atmosféricas favoráveis aos raios. À época, isso levantou suspeitas de que o fenômeno poderia ter sido extinto definitivamente. Imaginamos que, para alguns, houve grande alívio, e para outros (que lucravam com a fama da região), decepção. No entanto, depois de vários meses, o fenômeno voltou a aparecer.

Infelizmente, não temos nenhuma garantia de que as tempestades que todos nós experimentamos no âmbito familiar vão chegar ao fim. Não sabemos se o cônjuge descrente vai se converter, se o filho rebelde voltará para casa, se o dependente químico abandonará o vício. Não podemos garantir um novo emprego, saúde perfeita ou problemas de infertilidade resolvidos. E, mesmo quando parece que a tempestade passou, não sabemos se ela voltará a cair sobre nós. Nossa única certeza é que, nos momentos mais instáveis da vida, temos uma âncora no caráter de Deus. Nos momentos em que a terra se abala sob os nossos pés, temos de fincar ainda mais profundamente as estacas nas promessas de Deus. Quando tudo parece escuro, temos de andar sempre em direção à luz. Em horas assim, nossa única esperança é nos firmarmos em Deus pela fé, e não pela vista.

Terminamos com as palavras do profeta Habacuque, que concluiu seu livro com um lindo hino de confiança no Senhor, mesmo não entendendo por que o sofrimento dele e de seu povo não terminava. Suas palavras servem para renovar a nossa esperança e perseverança, mesmo quando as tempestades não passam e a guerra espiritual nos pressiona por todos os lados:

> *Ainda que a figueira não floresça, nem haja fruto nas videiras; ainda que o produto da oliveira falhe, e os campos não produzam mantimento; ainda que o rebanho seja exterminado do estábulo e não haja gado nos currais; mesmo assim, eu me alegrarei no* Senhor, *exultarei no Deus da minha salvação. O* Senhor *Deus é a minha força! Ele fará os meus pés como os da corça e me fará andar sobre os meu lugares altos...* (Hc 3.17-19).

INSPECIONANDO A CONSTRUÇÃO

- Leia a "Palavra final" que se segue a esta lição.
- Verifique com os líderes do seu grupo se haverá ou não algum tipo de programa de encerramento ou formatura do grupo. Veja a introdução para mais informações sobre como conduzir esse evento de celebração por aquilo que Deus fez em sua vida no decorrer dos estudos.
- Pense na possibilidade de convidar amigos e irmãos para participarem de um dos estudos dos livros desta série: *Construindo um lar cristão*.

ACABAMENTO

(?) Estude Efésios 6.10-20. Note o contexto anterior — as instruções sobre os papéis desempenhados na família (Ef 5.22—6.9). Quais as características da guerra espiritual em que estamos envolvidos? Quais as armas que o cristão tem à sua disposição?

_____
_____
_____
_____

Palavra final

Um homem tinha dois ingressos com reservas de cadeiras para a final da Copa. Quando chegou ao estádio, sentou-se em uma daquelas cadeiras que tinha reservado. Outro homem observou que o lugar ao lado dele estava vazio. Aproximou-se e perguntou se o assento estava desocupado. "Sim, está desocupado" — ele respondeu.

Intrigado, o homem fez o seguinte comentário: "É incrível! Quem, no seu juízo perfeito, tem um lugar como este para a final da Copa, o evento mais importante do mundo, e não o usa?"

O dono dos ingressos olhou e respondeu: "Bem, na realidade, o lugar é meu. Eu o comprei há dois anos. Minha esposa viria comigo, mas ela faleceu. É esta a primeira final de Copa a que não assistiremos juntos, desde que nos casamos, em 1970".

Surpreso, o outro homem disse: "Oh! Que pena que isso aconteceu. É terrível! Você não encontrou outra pessoa que pudesse vir em lugar de sua esposa? Um amigo, um vizinho, um parente ou outra pessoa que quisesse estar neste lugar?"

O homem meneou a cabeça de modo negativo e respondeu: "Não, todos preferiram ficar para o velório".

Só podemos imaginar as tempestades que o casal desta história deve ter enfrentado para chegar a esse ponto. O fato é que todos nós enfrentamos tempestades em nossa família. Tomamos decisões todos os dias que influenciarão nossa resposta a essas crises.

Nossa esperança, querido leitor, é que você esteja muito mais preparado agora para enfrentar as tempestades que, inevitavelmente, nos atingem. Que sua identidade seja construída sobre o alicerce firme, encontrado em Cristo Jesus. Que você consiga viver "na esfera do coração", sondando as próprias atitudes, motivações e ações, reconhecendo os "ídolos" que reinam em sua vida e a necessidade que todos temos de passar pela profunda transformação possibilitada por Cristo e sua obra na cruz e pela renovação da mente com a verdade do evangelho.

Continue experimentando a *vida com plenitude* (cf. Jo 10.10) oferecida por Jesus, que quer viver a vida dEle por meio de você. Que estes estudos fortaleçam o alicerce da sua família para resistir aos furacões que derrubam muitos lares, tendo sempre em mente que *Se o SENHOR não edificar a casa, em vão trabalham os que a edificam...* (Sl 127.1).

Apêndice 1

Conhecendo e sendo conhecido

Bem-vindos a esta série de estudos: *Construindo um lar cristão*. Nosso desejo é que Deus fale ao seu coração por intermédio das lições e dos outros membros do grupo. Para podermos nos conhecer um pouco melhor, pedimos que vocês, como casal, preencham esta ficha e a entreguem aos líderes do seu grupo. Só preencham os espaços que vocês querem que os outros conheçam a seu respeito.

- Nome do(s) participante(s):
  _____
  _____

- Se casado, o aniversário de casamento: ____ / ____ / ____

- Aniversário de nascimento de cada um:
  Ele: ____ / ____ / ____   Ela: ____ / ____ / ____

- Filhos (nomes e idades):
  _____
  _____

_____
_____

- Profissão de cada um:
  Ele: _____
  Ela: _____

- Endereço: _____

- Telefone: _____
- *E-mail*: _____
- Mídia social: _____

Por que vocês querem participar deste grupo de estudo bíblico sobre o lar?

_____
_____
_____
_____
_____
_____
_____
_____
_____
_____
_____
_____
_____
_____
_____
_____
_____

Apêndice 2

Caderno de oração

Use esta folha para registrar os pedidos de oração dos outros membros do grupo e as respostas que Deus lhes der.

Data	Nome	Pedido	Resposta

Data	Nome	Pedido	Resposta

Data	Nome	Pedido	Resposta

Data	Nome	Pedido	Resposta

Data	Nome	Pedido	Resposta

Data	Nome	Pedido	Resposta

Outros recursos oferecidos pelos autores, para a família e para grupos pequenos

Considere estes outros recursos, oferecidos por David e Carol Sue Merkh e publicados pela Editora Hagnos e pelos próprios autores:

Série *Construindo um lar cristão*

- *15 Lições para transformar seu casamento*
  15 estudos para o casal. Textos práticos e repletos de inspiração. Revelam as bases bíblicas para a construção de uma família debaixo Graça. Sem invenções ou mesmo fórmulas mágicas, esta importante obra tem seu foco no trabalho em conjunto e apego a Deus para vencer os vários tempos de crise que podem afligir a todos os casais.

- *15 lições para a criação de filhos*
  15 estudos sobre a criação de filhos, incluindo lições sobre o discipulado e a disciplina de crianças.

Série *101 ideias criativas*

- *101 ideias criativas para grupos pequenos*
  Um livro que ajuda muitos no ministério com grupos familiares e nos vários departamentos da igreja. Inclui ideias para quebra-gelos, eventos e programas sociais, assim como brincadeiras para grupos pequenos e grandes.

- *101 ideias criativas para o culto doméstico*
  Recursos que podem dinamizar o ensino bíblico no contexto do lar e deixar as crianças "pedindo mais".

- *101 ideias criativas para mulheres* (Carol Sue Merkh e Mary-Ann Cox)
  Sugestões para transformar a reunião de mulheres num evento inesquecível, que causa impacto na vida das mulheres. Inclui ideias para chás de bebê, chás de cozinha e reuniões gerais da sociedade feminina da igreja. Termina com dez esboços de devocionais para encontros de mulheres.

- *101 ideias criativas para a família*
  Apresenta sugestões para enriquecer a vida familiar, com ideias práticas para:
    - O relacionamento marido—esposa;
    - o relacionamento pai—filho;
    - aniversários;
    - refeições familiares;
    - a preparação para o casamento dos filhos;
    - viagens.

- *101 ideias criativas para professores* (David Merkh e Paulo França)
  Dinâmicas didáticas para enriquecer o envolvimento dos alunos na aula e desenvolver a melhor compreensão do seu ensino.

Série *Paparicar*

- *101 ideias de como paparicar seu marido*
  Pequeno manual com textos bíblicos aplicados à maneira pela qual as mulheres podem demonstrar, de forma prática, seu amor e respeito por seu marido.

- *101 ideias de como paparicar sua esposa*
  Pequeno manual com textos bíblicos aplicados à maneira pela qual os homens podem amar, servir e liderar, de forma prática, sua esposa.

Outros livros

- *151 boas ideias para educar seus filhos*
  Uma coletânea dos textos bíblicos voltados para a educação de filhos, com sugestões práticas e criativas para sua aplicação no lar.
- *O legado dos avós* (David Merkh e Mary-Ann Cox)
  Um livro escrito por uma sogra, em parceria com seu genro, sobre o desafio bíblico para deixarmos um legado de fé para a próxima geração. Inclui:
  - 13 capítulos desenvolvendo o ensino bíblico sobre a importância do legado, apropriados para estudo em grupos pequenos, Escola Bíblica etc.
  - 101 ideias criativas de como os avós podem investir na vida dos netos.
- *O namoro e noivado que DEUS sempre quis* (David Merkh e Alexandre Mendes)
  Uma enciclopédia de informações e desafios para jovens que querem seguir princípios bíblicos e construir relacionamentos sérios e duradouros para a glória de Deus.
- *Perguntas e respostas sobre o namoro e o noivado* (que Deus sempre quis) (David Merkh & Alexandre França).
  Visa preencher algumas lacunas de leituras anteriores; e encorajar o casal a compreender a suficiência das Escrituras na prática de situações cotidianas do namoro, noivado e direcionamento ao casamento.
- *Comentário bíblico: lar, família e casamento* (David Merkh)
  O livro aborda todas as áreas que envolvem a família, começando pelo seu propósito real e o significado desta perante Deus; passando por temas mais densos como divórcio, pureza sexual e jugo desigual, até chegar às definições bíblicas dos papéis de homens e mulheres dentro da nossa sociedade.

Acesse também:

www.palavraefamilia.org.br

Sobre os autores

DAVID MERKH é casado com Carol Sue desde 1982. Tem mestrado em Antigo Testamento e doutorado em Ministério com ênfase na família pelo Seminário Teológico de Dallas, nos Estados Unidos. David leciona no Seminário Bíblico Palavra da Vida, em Atibaia, SP, desde 1987. Atua também como pastor auxiliar de Exposição Bíblica na Primeira Igreja Batista de Atibaia, SP.

CAROL SUE MERKH é filha de missionários norte-americanos e foi criada no Brasil. É formada em Pedagogia pela Universidade de Cedarville, nos Estados Unidos. Junto com o marido, David, tem ministrado em encontros de pais e casais dentro e fora do Brasil.

O casal tem seis filhos e 18 netos. David e Carol são autores de vários livros; entre eles, a série *101 ideias criativas — para grupos pequenos; para culto doméstico; para mulheres; para famílias; para professores; 101 ideias de como paparicar seu marido* e *101 ideias de como paparicar sua esposa*. Escreveram também *151 boas ideias para educar seus filhos* e *O legado dos avós*.

RALPH REAMER é casado com Ruth desde 1977. Tem mestrado em Ministérios pela *California Graduate School of Theology*. Exerce o ministério pastoral nos Estados Unidos desde 1977, e serve atualmente como pastor de Discipulado e Aconselhamento Bíblico na *Fellowship Community Church*, Mt. Laurel, New Jersey.

Ruth Reamer é formada em Educação Religiosa pelo *Baptist Bible College*. Acompanha o marido nos ministérios de aconselhamento e ensino de casais. O casal tem duas filhas e sete netos.

Sua opinião é importante para nós. Por gentileza, envie seus comentários pelo *e-mail* editorial@hagnos.com.br

Visite nosso *site*: www.hagnos.com.br

Esta obra foi composta na fonte Chaparral Pro 11,5/15,35 e impressa na Imprensa da Fé.
São Paulo, Brasil.
Primavera de 2020.